Peralejos de las Truchas

tierra de
guadalajara

133

guías

Ángel Sanz Megino

Peralejos
de las Truchas

Apuntes para su historia

aache
ediciones

datos de historia y geografía

Guadalajara 2024

Producción, maquetación y edición electrónica:
AACHE Ediciones
C/ Malvarrosa, 2 (Las Lomas) – Telef. 949 220 438
19005 – Guadalajara
E–Mail: editorial@aache.com
Internet: www.aache.com

Impresión:
PodiPrint
C/ Cueva de Viera, 2
29200 – Antequera (Málaga)

Impreso en España – Printed in Spain.

ISBN 978–84–19813–30–5
Depósito Legal: GU–071/2024

A los míos.

respeto a la cultura
de cada pueblo

sin raíces
los hombres mueren

Índice

Prólogo

Hace ya más de un lustro, durante una comida familiar, comenzaron a surgir narraciones y recuerdos sobre el abuelo Olegario que pronto prendieron la mecha para investigar más sobre su historia personal. Rápidamente, este proyecto se transformó en la creación de un extenso árbol genealógico familiar, que finalmente acabó tomando matiz muy distinto; lo que comenzó como una historia personal y familiar, se transformó en una investigación integral sobre la Historia de Peralejos y el Alto Tajo a lo largo del tiempo.

Dejando atrás la Común, antes de llegar a la villa, la muela comienza a intuirse y poco a poco domina el paisaje como una mole rocosa, densa e inamovible.

De la misma forma, a primera vista, este libro es una sesuda interpretación de distintos datos: es una periodización que abarca decenas de siglos, una serie de estadísticas demográficas y citas bibliográficas; también es el resultado de un largo trabajo archivístico y una compilación de legajos modernos, autos inquisitoriales, catastros, censos y desamortizaciones decimonónicas; adentrarse en informes, diarios y correspondencia militar de hace más de un siglo.

Todo ello forma un genial ejemplo de hasta dónde puede llegar la historia local y la microhistoria. Pero lo que realmente esconde esta sucesión de datos a lo largo del tiempo es cariño y generosidad; alberga recuerdos personales de infancia, juventud, y aprecio por la tierra, un paraje monumental que ve pasar toda esta sucesión de avatares humanos sin inmutarse.

La persona que sostiene este libro no solo aguanta un tomo de papel, el lector está a punto de compartir una cantidad inimaginable de horas invertidas descifrando legajos, leyendo mapas, conduciendo hasta lejanos y polvorientos archivos, o caminando por laderas en busca de trazos de catas mineras, nidos de ametralladoras y perdidos vestigios neolíticos.

Esta obra es un anhelo de explicar la anatomía de la Villa, desde su evolución demográfica y social, su papel en los conflictos bélicos que la rodean, así como exaltar la importancia del río en la idiosincrasia del pueblo.

Peralejos, para nosotros, son recuerdos de frescor veraniego y disfrute privilegiado. Para nuestro padre son fuertes raíces familiares y recuerdos vitales.

El paisaje hace historia. Gracias, papá, por tu pasión en transmitirla.

Rut y David

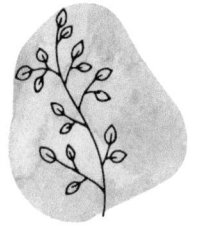

Geografía

Introducción

Existe una relación entre el ser humano y el medio físico en que realiza sus actividades. Esta influencia es intensa. A veces el hombre se adapta e intenta transformar aspectos que no le son favorables. Otras no logra ese objetivo, y opta por trasladarse a otro lugar con opciones de vida más favorables.

Para comprender el desarrollo histórico de un pueblo es preciso analizar el medio geográfico en que ha tenido lugar. Relieve, clima, vegetación, hidrografía, agricultura, ganadería, comunicaciones naturales, asentamientos urbanos.

Espacio natural

Peralejos tiene una extensión de 70 Kilómetros cuadrados[1], con una altitud media de 1.187 metros sobre el nivel del mar. El Catastro de Ensenada, elaborado en 1752, en su respuesta tercera estable unos límites de *"Saliente a Poniente de dos leguas y media, un cuarto de otra y quinientos veinticinco pies geométricos. De Mediodía a Septentrión, media legua, un cuarto de legua, un quinto de legua y cuarenta y seis pies geométricos"*, En medidas

---

1   Anuario Estadístico

actuales supondría una extensión de 74,69 Kilómetros cuadrados. Comparando ambas mediciones, vemos una escasa diferencia. Hay que tener en cuenta la dificultad de medios para medir en 1752"[2].

Recorren este territorio tres arterias fluviales principales: el Tajo, Hoz Seca, (Oceseca)[3] que vierte su caudal al Tajo en el paraje denominado "Las Juntas", y el Cabrillas. Este último, en época estival, ve mermado su caudal, máxime si hay periodo de sequía. Completan la red fluvial una serie de arroyos que permanecen secos si escasean las lluvias: el arroyo de Cocera, el de La Virgen, el que discurre por el centro urbano, denominado "Juan Taravilla", encauzado y canalizado. No siempre fue así. En épocas anteriores discurría de forma natural con sus aguas en superficie. Existían dos puentes de piedra, uno junto al Ayuntamiento y otro en la parte baja del curso, incluso hay una calle denominada "Arroyo Bajo". Este pequeño cauce vierte sus aguas en el Tajo, cerca del paraje denominado "La Viña". Otros pequeños cauces de aguas discontinuas los encontramos en el paraje de las Rochas, cercano a la unión del Tajo y Hoz Seca, y en el espacio que hay entre los montes del Puntal de la Moratilla y el Alto de la Moratilla. El arroyo del Tajuelo, aunque se encuentra dentro de los límites de la provincia de Cuenca, se puede considerar por su uso turístico y familiaridad como un arroyo más de Peralejos, uniéndose al Tajo por su margen izquierda en el Puente Martinete.

---

2   Catastro de Ensenada. Elaborado durante el reinado de Fernando VI. Pregunta nº 2.

3   Sánchez Portocarrero, Diego: *Antigüedad del Noble y Muy Leal Señorío de Molina*. Impreso en Madrid en 1641. Reedición Facsímil de AACHE Ediciones, 2007.

La superficie sobre la que desarrollamos nuestra actividad y nos relacionamos con el resto de los seres vivos, constituye el relieve, el cual se ha originado por una serie de fuerzas internas de la Esfera Terrestre, y el modelado posterior realizado por la erosión fluvial, los agentes meteorológicos y las actividades humanas. Peralejos se encuentra enclavado en pleno corazón del Parque Natural del Alto Tajo. Este paraje comprende una extensión de 105.721 Hectáreas, correspondiendo al municipio peralejano 7.000 Hectáreas.

La vegetación que cubre el territorio es variada y valiosa. Sabinas, pino silvestre, ródeno, carrasco, quejigares, encinas, rebollares, mezcla de bosque mixto de coníferas, y el boj, bastante extendido. En la ribera de los ríos se encuentran sauces, chopos, fresnos, y especies estrellas como avellanos, tilos, abedules y mostajos. El monte bajo es de un gran variedad, té de roca, especie protegida, espliego, romero, tomillo, orégano, la en otro tiempos famosa "tabaquera", manzanilla, completándose con una gran proliferación de matorrales variados.

La fauna es notable y variada, con proliferación de aves variadas de todo tipo. Destaca el buitre leonado, anidando en los altos parajes por los que discurre el Tajo y variadas aves rapaces. La fauna piscícola, abundante en trucha común, autóctona. Y el cangrejo, hoy desaparecido. Ha habido intentos de repoblación del llamado "cangrejo señal", con alguna similitud al autóctono. Proliferan los mamíferos como la nutria, topillo de la Cabrera, tejón y algún "gato montés". Herbívoros como corzo, ciervo, jabalí, especies cada vez más abundantes, conejo y liebres.

Relieve

La historia geológica del Alto Tajo se remonta a más de 450 millones de años. Esta zona fue un profundo mar, cambiando su aspecto y los organismos que lo habitan a lo largo de los años. Comienza la formación geológica en el Paleozoico Inferior continuando en el Paleozoico Superior con la formación de algunos ríos. Prosigue en el periodo Terciario, hace 55 millones de años, con el plegamiento Alpino, y en el Cuaternario, dando lugar al paisaje actual. Se dan las formas geológicas de pliegues, fallas y otras estructuras tectónicas. Destacan los cañones profundos por donde discurre el Tajo con abundantes cuarcitas formadas en el Paleozoico inferior. Están formadas por granos de arena rica en cuarzo, que por efecto metamórfico ha recristalizado, dando lugar a una masa compacta. Se presenta en color blanco, rosáceo y marrón, debido a la presencia de óxido de hierro. Suelen estar recubiertas por característicos líquenes, circunstancia que hace que se falsee su color natural. El terreno en algunos tramos es rectilíneo, en otros sinuoso. Zonas profundamente encajadas, contrastando con zonas anchas. La laguna de Taravilla o de la Parra, está asentada sobre una depresión de origen kárstico. Su extensión es de 2,1 Ha con una profundidad de 13 metros. El origen de sus aguas es subterráneo y superficial. Las tobas hacen de represa con un "desagüe" hacia el Tajo por ese punto.

Cárcavas

Elemento geológico que se forma en las laderas con materiales poco cohesionados como es el caso de las arcillas y arenas. Hay numerosos regueros que ejercen una fuerte erosión lineal. En su formación influyen la intensidad de las precipitacione, la cohesión de las rocas, la pendiente y la densidad de la vegetación que cubre la superficie. El desarrollo de las cárcavas depende en gran parte de la pendiente de la ladera y la intensidad de las precipitaciones. Destacan "las terreras de la Virgen" y los "Tolmos Blancos" en Saceda y su entorno.

Climatología

Peralejos se encuentra en la rama interna castellana del Sistema Ibérico, a una altitud de 1.200 metros sobre el nivel del mar. El clima se caracteriza por unas temperaturas medias bajas, con veranos frescos e inviernos fríos, con oscilaciones térmicas pronunciadas por efecto de la continentalidad. Se encuentra en el suroeste de la provincia de Guadalajara, en las coordenadas: 40º 35' 34'' de Latitud Norte y 1º 54' 33'' de Longitud Oeste.

El clima se puede encuadrar en lo que se denomina mediterráneo continental y moderadamente húmedo. Los veranos son generalmente secos. Los meses de Julio y Agosto, con tormentas esporádicas, que rara vez tienen la virulencia de las de la zona mediterránea. El régimen pluviométrico registra unos 820 litros por metro cuadrado y año. En condiciones normales suele haber 125 días de precipitación.

Las temperaturas medias son bastante bajas a lo largo de todo el año, superándose solo los 10 grados de media en los meses de Mayo a Septiembre. La Primavera y el Otoño son estaciones cortas, siendo el mes de Junio de gran floración primaveral[4].

---

4   Instituto Nacional de Meteorología.

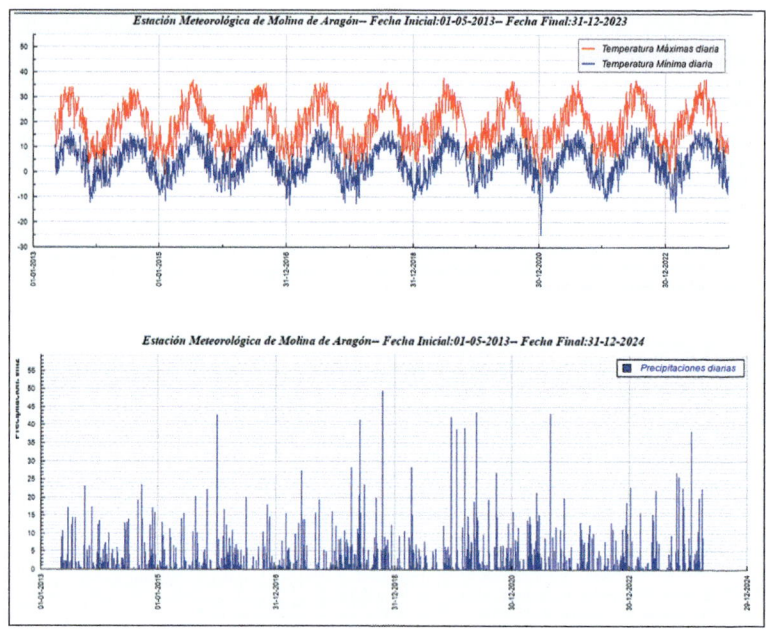

Diagrama de Walter – Lieth. Peralejos[5]

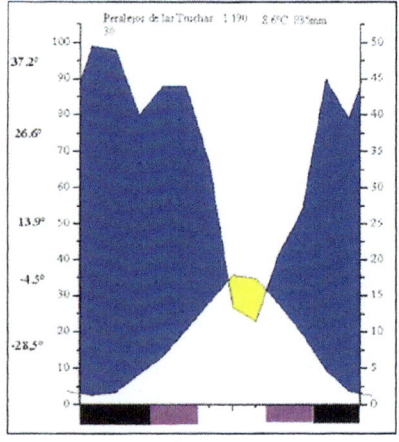

---

5   Moreno Llorente, Abel - De Juan García, Ángel. *Rutas por Peralejos de las Truchas*. Diputación de Guadalajara. 2010.

Cartografía

En distintas representaciones cartográficas realizadas en el siglo XVII, de la Península entera o parcialmente, viene reflejado Peralejos. En 1652 aparece, cerca del rio Hoz Seca, al igual que en otras de fechas posteriores, y a una distancia mayor del río Tajo. incluso alguna la sitúa muy cercana a Las Juntas. Errores de cálculo en la descripción, dadas las fechas que fueron elaborados dichos mapas. La mayoría de las cartas geográficas de la época se confeccionaron en París y Amsterdam.

Península Ibérica , Islas Baleares y costas del Norte de Africa.

"L'Espagne DistinGúee en Tous Royaumes ,Principauteés y Scavoir Sous Domination du Roy Catholiue les, Roy mes de Castille, Leon, Galice, Navarre, Andalousie, Grenade, Murcie, Aragon, Valence et Maiorque et Les Printés des Asturies, Biscaye et Catalogne. Sous La Dominatio du Roy de Portugal, Les Roy mes de Portugal et D' algarve. Tiré de plusieurs Memories"[6]

"España Distinguida en todos los Reinos Principados y bajo el dominio del Rey católico, los Reinos de Castilla,León, Galicia, Navarra, Aragón, Valencia y Mallorca y los Reinos de Asturias, Vizcaya y Cataluña. Bajo la dominación del Rey de Portugal, los reinos de Portugal y el Algarve. Tomado de varios recuerdos."

---

6   Instituto Geográfico Nacional. Mapa datado en París durante el reinado de Carlos II. 1692. Autor. Sr. Sanson Geographe du Roy.

Reproducción **parcial de España**. 1691.
PARTE ORIENTALLE DELLA SPAGNA[7]

---

7   Instituto Geográfico Nacional de España.

Pobladores

El terreno agreste hace difícil la localización de restos arqueológicos de los primeros pobladores. Su localización es dispersa en el espacio y el tiempo. Los vestigios encontrados nos indican la presencia del hombre desde el Paleolítico, gráficos muy simples, indicios de pintura rupestre. Continúa en el tiempo con restos de la Edad del Bronce, época celtíbera, incluso con restos de la existencia de un castro, época medieval, renancentista, barroca, hasta la época actual. Con la creencia, según tradición oral, de que el poblado de Peralejos fue el resultado de la unificación de tres poblados en el Medievo existentes en el Rinconquillo, Vadillos y El Cotillo. Los primeros pobladores podríamos encuadrarlos en los celtíberos de la Iberia Citerior. Según los historiadores modernos, los íberos llegaron a la Meseta Central en el siglo VI antes de Cristo, fusionándose con clanes indígenas indeterminados según Hecateo y Esquilo. El geógrafo griego Estrabón, nacido en el año 60 a.d.C., nos dice que en el siglo III a .d. C. los íberos se hallaban extendidos por toda España habiendo absorbido a los celtas, pueblo indoeuropeo de cultura inferior a la ibérica, resultando de esta mezcla los celtíberos que ocupaban todo el centro de la Península. La raza celta bajó desde Gergovia, capital de Las Galias, por el país de los íberos aquitanos, llegando hasta la Meseta Central, después de haber derrotado a los ligures con el asenso ibérico. Dentro de la Iberia Citerior, coexistían varios grupos celtíberos, pelendones, arévacos, lobetanos, bellos, tittos, olcades más al sur y el grupo en el cual Estrabon encuadra a los pobladores de la villa, lusones.

Ubicación de los distintos grupos

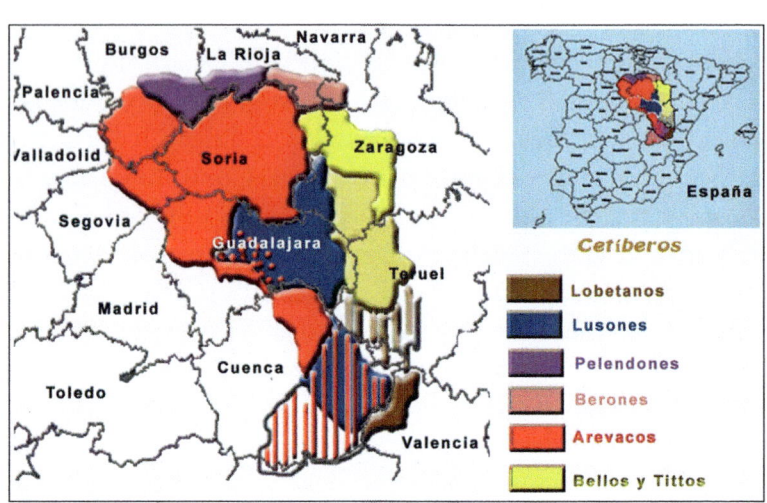

Evolución de la villa

Polivio y Tito Livio, hablaron de la resistencia feroz que opusieron estas gentes ante las campañas de exterminio, no doblegándose ante la crueldad y superioridad de los invasores romanos.

La incomunicación y el montañismo del terreno favorecía el enfrentamiento de los habitantes foráneos ante la invasión romana. Consciente de ello, Roma trata de favorecer la comunicación y quitar el aislamiento de los pueblos celtíberos construyendo vías como la que pasaba por Checa o Urbiaca. Restos de esta acción los encontramos en los orígenes del actual puente Martinete.

El río Tajo delimita el Señorío de Molina por el S.W. La aridez del terreno, unida a la fuerte pendiente del Tajo en su curso alto, hace que sea un terreno poco proclive al asentamiento humano, siendo Peralejos en primer núcleo poblado en su discurrir.

La villa y su territorio está encuadrada dentro de lo división territorial del Señorío en sexmas, en la denominada de la Sierra. Esta zona es la más agreste de todo el territorio, circunstancia que hace que en la villa no se construyan las fortificaciones que fueron claves para la conquista de la villa de Molina, como sucedió con Castilnuevo, Terzaga, Traid, cuyos restos lo atestiguan. D.Manrique de Lara, Señor de Molina, estableció los límites primitivos del Señorío, identificables en la actualidad. Llegaban hasta el puente Tagüenza y la inclusión de Beteta. Peralejos no viene citado en esta descripción, pero estaría dentro de los límites por la extensión que en un principio comprendía.

El documento foral dice: *"A Tagoenz a Santa María de Almalaf... a los Casares de García Ramírez, a los Almallones"*. Nos describe una gran lengua de terreno muy prolongada en la actual serranía de Cuenca, englobando Beteta. Ascendía a la meseta y llegaba hasta Armallones y el río Tajo. Este territorio fue pronto restringido por el surgimiento de nuevos concejos, como el de Cuenca, que tras la reconquista de la ciudad en 1177, fue dotado por el rey Alfonso VIII.

En un primer momento, la repoblación del Señorío, llevada a cabo por D. Manrique de Lara en la segunda mitad del siglo XII, no aparece vestigio alguno de la villa de Peralejos. El primer documento escrito que hace alusión a Peralejos data de 1244[8].

---

8   Cortés Ruiz, Mª Elena. *Tesis doctoral*. R.A.H. Colección Salazar y Castro B/10 doc 165- Fol. 69

Transcripción Literal del documento

"*El maestre D. Pelayo Pérez Correa, con don Martín López, comendador de Montanchez, y don Gil Gómez, freire de Uclés, que tiene Paracuellos y otros de su orden, hace ajuste con herederos de Martín Yañez, en pleito sobre términos de Peralejos cerca del río Tajo, prometiendo de estar a lo que determinaran don Rodrigo Leveguer, maestre que fue y el maestro Nicolás, arcediano de Cuellar. Fecha la carta en Toledo en la capilla del Señor Arzobispo, a once de Febrero del año de la Encarnación del Señor del mil doszientos y quarenta y quatro*"[9].

La Tierra de Molina en 1353 constituía un arcedaniato del Obispado de Sigüenza .Se relacionaban los lugares, villas, aldeas que contaban con iglesia. Peralejos aparece en dicha relación:

"*E item en la eglesia de peralejos ay dos beneficios e el beneficio con la cura vale de renta 200 mrs e el otro beneficio del absente vale cada año de renta 400 mrs su DC. Mrs. La x^a xl.mrs*"[10].

Sánchez Portocarrero nos lo señala en 1367 como parroquia de dos beneficios para la catedral de Sigüenza, lo que lo convierte en uno de los lugares grandes del Señorío por aquella época. Desde estas fechas, Peralejos no dejó de estar integrado en el Señorío de Molina. Asímismo nos habla de vestigios moros en la Edad Media en las orillas del Tajo pertenecientes a una antigua mina de hierro, ubicada en una cueva con dos entradas.

"*Peralejos tierne rastros de lugar muy antiguo, pero debe de a ver mudado el primitivo nombre y el que conserva no es conocido en lo antiguo, y su Etimología es clara castellana. Muestra cono-*

---

9   Cortés Ruiz, Mª Elena. *Op.Cit.* Pag. 34

10   *Historia de la Diócesis de Sigüenza*, vol.2, pp 335-342. Archivo Diocesano Siguënza.

tras cosas su antiguedad. Una notable mina en su término donde llaman Las Cuevas, cerca del Río Tajo, la qual atraviesa todo un cerro y en sus dos bocas tiene señal de aver tenido puertas y cerca un Algibe, que todo parece obra de Moros. También tiene cerca a la orilla del Tajo muchas ruinas deantigua población, mas no ay luz de qual fue[11].

Un hecho que se daba con frecuencia en esta zona Sur del Señorío era el bandolerismo. Delitos que están relacionados con el robo de rebaños que pasan por las rutas del territorio. Los afectados suelen ser pastores aragoneses que atraviesan la comarca para desde el término de Peralejos enlazar con la Cañada Real Conquense.

Una segunda repoblación hizo que viniesen gente del Norte de la Península, atraídos fundamentalmente por la industria del hierro (Ferrerías) no estando exenta esta llegada de conflictos. Estos operarios eran denominados de forma genérica *"vizcainos"*. Es una sociedad conflictiva de frontera, siendo frecuentes las escaramuzas con vecinos de Aragón, añadiendo una deficiente administración de justicia, pese al intento por parte de los Reyes Católicos, de la implantación del Corregimiento de Molina.

En el siglo XII, Alfonso I *"El Batallador"*, rey de Aragón, recupera diversos territorios de Molina en poder de los musulmanes, entre ellos Valhermoso, Tierzo y Terzaga. Encargó a dos capitanes, que por valor y lealtad constituían su brazo derecho, ampliar y defender las fronteras de lo conquistado. Fortún Sanz de la Vera, uno de esos capitanes amplió su zona hasta Peralejos estableciendo en el río Tajo la divisoria, fundando casa propia en la villa. Los parientes de don Fortún, Lope Sanz, acompañó

---

11   Sánchez Portocarrero. *Op. Cit.*

al Rey en su expedición a Valencia, y Galo Sanz mandó la Orden o Cofradía Militar de Belchite.

En lo que respecta a inscripciones, el Libro de Bautismos realiza la primera en 1522 *"en ocho días del mes de febrero"*. El bautizado figura como Antón. En fechas posteriores la inscripción comienza: *"En el lugar, aldea, villa"*, en función del avance de fechas.

La primera firma parroquial figura como Martínez. Muy probable que fuese el párroco de la villa o de algún lugar cercano[12].

En 1610 en el proceso que el Tribunal de la Inquisición instruyó contra Martín de Jara, operario de la ferrería establecida en el Puente Martinete, la declaración sitúa a Peralejos como lugar y aldea de la Villa de Molina.

En escritos posteriores aparece como villa, dependiente del Señorío de Molina, con diversos episodios encaminados a lograr su emancipación, al igual que hicieron otras villas cercanas, como Checa. Era muy distinta la concepción en orden creciente, de lugar, aldea y villa.

La población siempre ha estado ligada a actividades agrícolas y ganaderas, con algunas industrias de madera, aserradora, ferrerías relacionadas con la abundancia de madera, hierro de extracción local y próximo de Setiles y Sierra Menera, estas últimas de muy pequeña escala.

A pesar de lo abrupto del terreno, la villa no ha permanecido ajena a los diversos episodios sociales y bélicos que han tenido lugar en la Historia de España en los siglos XIX y XX.

---

12   Archivo Diocesano de Sigüenza. Libro de Bautismos.

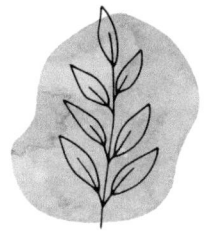

Demografía

La población es el factor básico de la Historia de un territorio, los asentamientos, movimientos, variaciones, modos de vida; todo lo relacionado con los habitantes es objeto de un estudio primordial para ver lo que acontece en la actualidad y ha sucedido en tiempos pasados, y analizar las causas que motivaron los acontecimientos y consecuencias que llevaron consigo, en definitiva, el devenir de un pueblo.

Al realizar el estudio demográfico hemos de tener en cuenta las características de las fuentes en las que nos basamos, Sus clases, contenidos, antigüedad, variaciones, defectos, insuficiencias. Disponemos de información para conocer estos aspectos de la villa de Peralejos desde el siglo XVI y primeras décadas del XVII, hasta el momento actual. Aspectos relacionados con la edad, sexo, estado civil, composición de la unidad familiar, fecundidad, natalidad, matrimonios, migraciones, nivel de instrucción. En definitiva, todo lo relacionado con los habitantes. Unas veces con más certeza que otras, pero siempre acercándonos a la realidad social del momento.

Las fuentes demográficas en las que nos hemos basado para realizar este estudio varían según las épocas. Las que más fiabilidad ofrecen son las del Instituto Nacional de Estadística (I.N.E.)

creado en 1945 con la misión de elaborar, analizar y publicar las estadísticas demográficas españolas. Esta Institución es el organismo oficial encargado de realizar los censos de población, las estadísticas de los movimientos naturales, las migraciones interiores, encuestas de población activa, escolarizaciones. Recopila datos extensos y complejos referentes a la población[13]. El precursor inmediato fue el Instituto Geográfico y Estadístico, fundado en 1945. Los primeros "recuentos de vecindario" –así se llamaban en un principi– perseguían un objetivo claro: controlar el número de habitantes que debían "pechar", es decir, pagar impuestos para el sustento de la Corona en toda su extensión. Un primer intento de recuento se realizó con los Reyes Católicos, denominado Censo de Quintanilla. Serviría de punto de partida para otros posteriores, sobre todo el recuento de Carlos V. Recuentos de población ha habido siempre, aunque no estuviesen institucionalizados. La Iglesia, a través de los diversos registros, juega un papel importante para tener una idea de la población existente. A veces vienen expresados en "Pilas bautismales" y "almas", refiriéndose al lugar y habitantes.

No obstante, debido a la finalidad fiscal que hemos apuntado, ofrecían datos a veces poco fiables y ocultando realidades. Según Tomás González, Maestrescuela de la Iglesia Catedral de Plasencia, que recibió el encargo en 1817 por Real Orden de 30 de Septiembre *del ordenamiento y estudio en el Archivo de Simancas referidos a la población y basados en los libros de las Rentas y Derechos Reales desde el primero hasta el último tercio del siglo decimo sexto*", hace hincapié en la diversidad de datos hallados y la dificultad que ofrecen algunos para determinar su veracidad. El trabajo realizado por este clérigo contiene el

---

13   Rafael Puyol, Antolín: *La población española*. Tomo 6 de la Geografía de España. Editorial Síntesis. Madrid

censo o plantas de población de las Provincias y Partidos de la Corona de Castilla, tomadas de los libros de las Rentas y Derechos Reales en el sigloXVI. En su estudio hace referencia a la recopilación de datos con la finalidad de tantear a la población del siglo anterior y del posterior, con dos hechos que tuvieron una repercusión en la demografía. Las providencias de 1492 referente a la expulsión de los judíos y la de 1603 con el mismo efecto hacia los moriscos. En 1530, aparecen datos referidos a la denominada Tierra de Molina, de una manera global, figurando Peralejos junto a villas como Hinojosa, Tartanedo, Establés. Con un total de 3.850 vecinos pecheros, figurando en otro apartado de forma individual Molina con 805 vecinos. El primer dato oficial específicamente de Peralejos, viene dado del documento llamado *Averiguaciones* de Carlos V. Manda realizar una averiguación y recuento de todos los vecinos pecheros del reino de Castilla. Los trabajos se prolongan desde 1525 hasta 1540. La finalidad era eminentemente recaudatoria. Representan un gran acopio de información fiscal, sólo comparable al realizado en el siglo XVIII por el Catastro de Ensenada. Según estas pesquisas, Peralejos en 1527/1528, fecha que fueron recepcionadas, contaba con 86 vecinos pecheros. Partiendo de la estadística de 4,5 habitantes por vecino, contaría con una población de 387 habitantes[14].

La villa estaba incluida dentro de la denominada Tierra de Molina, siendo un Señorío de Realengo, titularidad de la Corona. Molina y su Tierra, representaba la segunda gran jurisdicción fiscal de la provincia de Cuenca.

---

14 Martín Galán, M. *"Fuentes y métodos para el estudio de la demografía histórica castellana durante la Edad Moderna"*, Hispania (Madrid) (1981) p. 231.

Comprendía 60 localidades bajo un padrón general de 2.032 vecinos pecheros. Salvo Molina, que presentó un padrón con 400 vecinos, el resto de localidades en ningún caso representaba el centenar de pecheros[15]. Peralejos encabeza las 12 localidades que superaban los 50, con 86 vecinos pecheros. Tartanedo (73), Milmarcos (72), Alustante (70), Alcoroches (69), (67), Torrubia (66), Taravilla (58), Tierzo (57), Checa (55), Terzaga y Concha (53) finalmente Tortuera 50.

La consecuencia de este recuento fue de un aumento del cupo del servicio adscrito, pasando de 202.820 maravedíes, según el repartimiento de 1527, a 260.000 maravedíes, aumentado un 28,19 %.

En 1575 se elaboraron las *Relaciones Topográficas* de Felipe II, no habiéndose realizado en todos los lugares de la Corona de Castilla, siendo Peralejos uno de ellos. Aprovechando la organización eclesiástica se realizó en 1578 un censo, conocido como *Censo de los Obispos*. En él se contabilizaron los "vecinos feligreses", es decir, cabezas de familia de cada parroquia contando en este caso también las viudas como medio vecino. Tomás González resalta la existencia de 6.631.929 almas, estando incluidos los Obispados de Pamplona y Canarias, faltando del vecindario de los Obispos muchos pueblos de las Órdenes Militares, y casi todos los de la de San Juan. Peralejos aparece en este censo incluido en la Tierra de Molina, con 70 vecinos, lo que nos hace suponer una población de 315 habitantes. Según este recuento, dentro de la Tierra de Molina, sólo tenían más habitantes Alustante, Milmarcos y Tortuera con 100 vecinos. El Pobo 80,

---

15   Carretero Zamora, J.M.: *La averiguación de la Corona de Castilla (1525-1540). Los buenos vecinos pecheros y el dinero del Reino en época de Carlos V*. Consejería de Cultura. Junta de Castilla-León. Valladolid. 2008.

Torrubia, Tartanedo, y Peralejos 70 vecinos. Posteriormente en 1591, tuvo lugar la enumeración más completa de la población de Castilla en el siglo XVI, el *Censo de los Millones*. Su nombre se debe al nuevo impuesto (8 millones de ducados) que era necesario recaudar a lo largo de 6 años para compensar el desastre de la Armada Invencible. Se extendía a los "vecinos de todos los estados" y no sólo a los que pagaban el impuesto. Las características le sitúan a la cabecera de los censos occidentales, cobertura y clasificación de los vecinos. La cobertura intenta ser total, comprendiendo absolutamente a todos los vecinos de la Corona de Castilla, incluso a los frailes de la orden mendicante de los franciscanos, que estaban excluidos de los fines fiscales del censo. Puede que no estuviesen incluidos en dicho recuento las clases inferiores que no podían pechar, como son los jornaleros eventuales libres, los pobres sin familia, mendigos, pícaros y demás personas de nulas o casi nulas posibilidades económicas.

En lo que respecta a Peralejos nos refleja 96 vecinos pecheros, lo que supone una población aproximada de 432 habitantes, aplicando el cálculo mencionado. Durante el siglo XVII apenas se hacen recuentos de población. Únicamente se hacen tres, en 1625, 1635 y 1637, para recaudar sendos donativos pedidos por Felipe IV. En 1646 para hacer un reparto forzoso de juros (Deuda Pública) y finalmente en 1694 en el reinado de Carlos II. Se hace un recuento de población para reclutar una leva de soldados, a razón de 2 por cada 100 vecinos. Todos ellos son incompletos y no tenemos información sobre nuestra villa. Según el vecindario de Castilla en 1646, Peralejos contaba con 44 vecinos, lo cual supone 198 habitantes, con los lógicos errores que puede suponer el cálculo. Molina tiene reflejados 444 vecinos, y toda la Tierra de Molina 20.891 vecinos. La ganadería, al igual que la agricultura, entró en crisis, alentada por la privatización de una parte de los patrimonios públicos municipales (baldíos y comunales) que afectó, no sólo a las tierras de labor, sino también a las de pasto y monte. En 1630, el número de cabezas de ganado lanar había disminuido en Castilla en un 60% en relación con la cifra existente en 1520.

Estos factores explican que el descenso de población fuese tan pronunciado, que la recuperación en la España interior no tuviera lugar hasta bien entrado en siglo XVIII. Por tanto, la crisis demográfica del siglo XVII va ligada a una serie de factores económicos, sociales y políticos. En los primeros años del siglo XVIII se realiza el *Vecindario de Campoflorido*, un censo elaborado en 1712, que buscaba un reparto más equitativo de los impuestos extraordinarios que ocasionó la Guerra de Sucesión recién terminada. Según este documento, Peralejos contaba con 87 vecinos, lo que supondría una población de 391 habitantes[16].

Los vecinos, según el vecindario, vendrían desglosados en 12 hidalgos y viudas de este estamento, y 75 pecheros. Tiene relevancia que en la época que hablamos, Molina y su partido pertenecían a la provincia de Soria. El encabezamiento del Censo, textualmente lo expresa: *"Traslado del vecindario del Partido de Molina comprehendido en la Provincia de Soria sacado del que se ejecutó en el año de 1712."*

De 1728[17] es el Mapa de la Población de Cuenca y su provincia, que incluye a Peralejos, y en el que se asignan 87 ve-

---

16 Martín Galán, M: *Op. Cit.*, 245.

17 Alarcón, Bartolomé, Mapa de la población de Cuenca y su provincia. Cuenca 1728 (este documento estaba en poder de Fermín Caballero, de cuyas manos pasó a las de Torres Mena, que publicó los datos de población en su obra *"Noticias Conquenses"*, Cuenca 1878. Red. En Gaceta Conquense, Cuenca, 1985.

cinos, lo que supondría 391 habitantes. En el transcurso del reinado de Fernando VI, entre 1749 y 1756 se realiza, como paso previo a una importante reforma fiscal, el llamado *Catastro del Marqués de la Ensenada*, que además de un recuento de población, ofrecía una visión panorámica exhaustiva sobre los pueblos de la Corona de Castilla a mediados del siglo XVIII. Para su realización se partía de un "interrogatorio" de Respuestas Generales, sobre la villa, y otro de Respuestas de Propios, referentes a los vecinos. De nuestra villa, sólo se conserva el interrogatorio de Respuestas Generales, estando desaparecido el de Respuestas de Propios[18].

La visión extensa que nos ofrece el citado documento de la villa, en la respuesta 21, correspondiente a los vecinos existentes, señala 218 vecinos, lo que supone según los cálculos 981 habitantes. En este recuento, señala que entran el cura D. Mathías Gascón, un capellán D. Francisco Veltrán, el Doctor Zirujano Boticario, las viudas menores y diez pobres de solemnidad, viviendo en casas situadas en esta villa (Transcripción literal)

Evolución de la población en España 1594-2013 y proyecciones 2014-2052 - INE

---

18   Archivo Provincial de Cuenca. Catastro de Marqués de la Ensenada.

Los censos de población se empezaron a realizar con regularidad en 1768, reinando Carlos III, el espíritu renovador de los Borbones. El Conde de Aranda, ministro del mencionado monarca, da instrucciones a los obispos para que estos transmitan a través de sus párrocos el inicio de los trabajos encaminados a averiguar la verdadera población española según sexo, edad, con el objeto de promover ideas útiles al Estado. En este censo aparecen por primera vez conceptos que se aplican tanto en la elaboración como en la difusión de estas operaciones. Los datos que se conservan no incluyen todas las diócesis, faltando entre ellas la que nos ocupa de Cuenca, lo que no nos permite tener datos relativos a Peralejos. Su fecha de realización data de 1767, y para calcular los habitantes se ha tomado como referencia el posterior de Madoz, siguiendo los comentarios del Preámbulo al *Censo de Aranda* por parte del I.N.E. Contaría en este periodo del reinado de Carlos III con 178 vecinos y 764 habitantes. El Conde de Floridablanca en 1787 ordenó los trabajos preparatorios para la ejecución de un nuevo censo español. El entonces Primer Secretario de Estado y del Despacho del Rey Carlos III, Don José Moñino y Redondo, primer Conde de Floridablanca, firma la orden por la cual se ordenaba a los intendentes de las provincias *"que se enumerase la población de estos Reynos y sus Islas Adyacentes"*[19]. En el escrito mencionado, se hacen una serie de consideraciones sobre la confección del censo. Adjunta un modelo en el cual se da cumplido resumen, así como oficios de los habitantes, número de clérigos, detalles

---

19 El 4 de Julio de 1718, siendo José Patiño, ministro de Felipe V, se crean las intendencias, o territorios con fines fiscales y militares. Entre otras, hasta 22, figura la de Cuenca, a la que se adscribió el partido de rentas de Molina de Aragón, razón por la cual, Peralejos aparece dentro de Cuenca, permaneciendo en esa situación hasta 1804, en que todo el partido de Molina pasa a depender de Guadalajara.

de la población. Se especifica además del número de habitantes, 772 en Peralejos, el desglose en hombres y mujeres, 405 varones y 367 mujeres. Respecto al estado civil, además de hacer la división por sexos, la hace por edades, dando la cifra de solteros, 240 varones y 214 mujeres. Casados 138 varones, el mismo número de mujeres. Viudos, 27 varones y 15 mujeres.

El Estamento del Clero estaba compuesto por la existencia de un cura, un teniente de cura y un sacristán, con un clérigo en órdenes menores. En el Estado Nobiliario, vienen reflejados 7 hidalgos. Destaca la existencia de un escribano y 7 estudiantes. En el Estado Llano, había 120 labradores y 46 jornaleros, un empleado de sueldo real y dos que dependían del Tribunal de la Inquisición. A este desglose sociológico hay que añadir 583 menores sin profesión específica. En 1797 bajo el reinado de Carlos IV, se lleva a cabo el último censo del siglo, denominado *de Godoy-Larruga*. No disponemos de datos específicos relativos a la villa de Peralejos de este periodo. Durante la primera mitad del siglo XIX, España estuvo condicionada por las Guerras Napoleónicas y la consecuente inestabilidad política. La actividad censal fue prácticamente inexistente, pero cabe destacar el estudio geográfico fechado en 1842 por Pascual Madoz. Establece una población de derecho de 764 habitantes y 178 vecinos. Con la estabilidad política resurge la actividad estadística. En 1856 se crea la Comisión General de Estadística del Reino que en 1857 cambia su denominación pasando a ser La Junta de Estadística. Se inicia la serie periódica de los censos institucionales. El Censo de 1857 se establece por primera vez una fecha de referencia, se utiliza la división provincial española. Hay una clasificación en población establecida y transeúnte, con el objeto de disponer de cifras comparables se mantienen los grupos de edad establecidos anteriormente. A partir de los datos de dicho censo se elaboró un *Nomenclator de los pueblos de España*. En este Censo, Peralejos está encuadrado dentro del Partido de Molina. Guadalajara contaba con 9 partidos judiciales y 398 ayuntamientos. Según este recuento de población, Peralejos contaba con 681 habitantes, 280 varones y 391 hembras establecidos; siendo 7 varones y 3 hembras transeúntes. Respecto al estado civil, 348 eran solteros, 140 varones y 208 hembras. Casados 274, 122 varones y 152 hembras. Viudos 59, 25 varones y 34 hembras. Establece una pirámide de población en la que los habitantes de 0 a 15 años representa el 37% de la población, de 16 a 50 el 43% y de 51 a 85 el 15%. A partir de 1877 se elaboran los censos de población cada 10 años. En este año, Peralejos contaba con 614 habitantes de hecho y 736 de derecho. Refleja 209 cédulas de inscripción. Comienza a reflejarse el nivel de instrucción de los censados, siendo alto en general el nivel de analfabetismo, con una mayor incidencia en las mujeres. Se completa con una serie de datos referentes a la religión, calculada sobre la población de hecho, siendo el 100% de confesionalidad católica. La procedencia, calculado sobre la población de hecho, el 100% es de origen español, 591 de la misma provincia 96,2% y 23 de distinta provincia de Guadalajara. Siguiendo las estadísticas reflejadas atendiendo a los censos establecidos, el nivel más alto de habitantes se da en 1950, con 754 habitantes, y el más bajo en 1981 con 148 habitantes. El aumento de la población se da en los años en que la movilidad era difícil y se practicaba una economía eminentemente agraria. En el momento que empieza a ser más asequible el traslado a unos puntos más desarrollados, coincidiendo con la expansión industrial en determinadas zonas, surge un despoblamiento, relacionado con la difícil productividad de la tierra y duras condiciones de vida, quedando una gran extensión yerma, o dedicada a la replobación forestal y explotación ganadera. En los últimos años, se da una pequeña tendencia a mantener la población, debido en parte a la actividad turística, y el retorno de personas que en su día emigraron y se les cumple la edad de jubilación.

Gráficos de población de Peralejos de las Truchas.

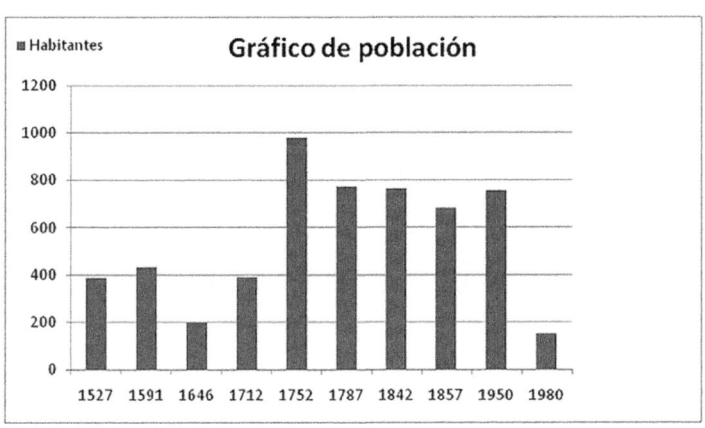

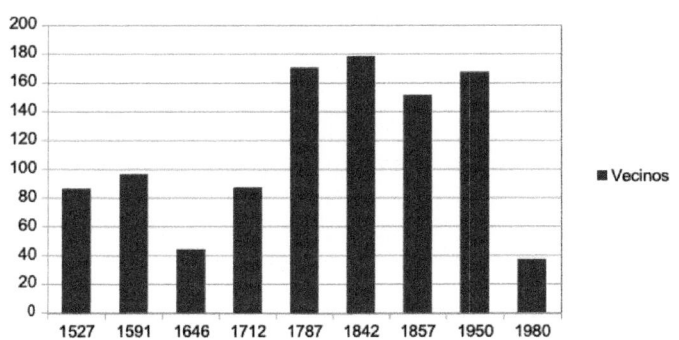

Estructura Social

Los censos realizados a lo largo de la Historia constituyen una de las principales fuentes para conocer la estructura social de un territorio. Además de intentar tener conocimiento de la población existente, llevan implícito una función recaudatoria. A través de estos documentos se cuantificaba los habitantes, dato importante para las levas, repartimiento de tributos, inmuebles existentes, ganado, cultivos, aprovechamientos de recursos, así como un gran número de datos que nos dan ídea de como es la sociedad del momento. A medida que ha transcurrido el tiempo, se han ido completando datos siendo más precisos para conseguir la finalidad que tenían establecida. El *"Censo de los Pecheros"*[20] realizado durante el reinado de Carlos I, está referido al año 1528. Carlos I decidió que se revisasen los padrones de los pecheros, es decir de los vecinos obligados a atender los "Servicios de su Majestad" que eran impuestos aprobados por las Cortes, de los que estaban exentos la Nobleza y la Iglesia. Para ello, ordenó que dos comisionados por Intendencia, zona equivalente a la provincia actual, recorrieran los pueblos revisando el número de pecheros, anotando las cantidades que pagaban, estableciendo cuanto debían pagar e informando sobre la rique-

---

20   Censo de los Pecheros I.N.E

za de cada lugar para fundamentar con equidad las "cáñamas"[21] o contribución correspondiente a cada pueblo. La recopilación duró casi ocho años, los datos se refieren a los pagos realizados en los años 1527 y 1528. En el año 1541 se estableció un nuevo "Servicio extraordinario", lo que exigió una revisión del censo. En Peralejos contabilizan 86 vecinos pecheros. La *Relaciones Topográficas* de Felipe II constituyen un censo bastante completo. Ordenadas por Felipe II en 1575 y 1578 en los pueblos de Castilla La Nueva. Consisten en dos cuestionarios que se envían a determinados pueblos y lugares de la región. La distribución administrativa del siglo XVI no coincidía con la actual, ni siquiera con la borbónica del siglo XVIII. Las relaciones conservadas no comprenden todos los pueblos que forman la división administrativa de Castilla. Faltan las comarcas enteras de Atienza, Sigüenza y Molina de Aragón.

La causa por la que no se les envió el cuestionario pudo ser debido a la complejidad que conlleva el proceso administrativo para su cumplimentación. En 1591, reinando Felipe II, se realiza un nuevo censo denominado "*Censo de Castilla*" o "*Censo de los Millones*", con el fin de recaudar 8 millones de ducados a través de un impuesto extraordinario. En Peralejos se contabilizaron 96 vecinos pecheros.

El *Catastro de Ensenada* es una de las fuentes más completas para el estudio de la sociedad. Elaborado en 1756 nos proporciona unos datos bastante exhaustivos de los lugares, aldeas, villas y ciudades de la Corona de Castilla. A lo largo del siglo XIX se elaboran diversos censos: el de Madoz, 1845-1850, y los denominados de Amillaramiento. Estos últimos documentos están

---

21 Sujeto fiscal considerado como unidad familiar durante el Antiguo Régimen por el que pagaba una cantidad sin tener en cuenta la riqueza de las personas. Diccionario panhispanojurídico R. A.E.

ligados al establecimiento del "Impuesto de Inmuebles, cultivo y ganadería" que constituia una Contibución Territorial.

Al optar por los amillaramientos, se elegía el sistema de fijar cupos de riqueza imponible. En cambio, el Catastro fijaba cuotas individuales de riqueza imponible. Contiene la relación nominal alfabética de los contribuyentes, expresando su propiedad urbana, rústica, ganadera y el líquido imponible de acuerdo con su valoración, haciendo una descripción de la extensión y calidad de las tierras destinadas a cultivo de cereales, regadíos, monte arbolado, baldíos, eras de pan trillar. Está basado en declaraciones juradas de los propietarios, y es el documento principal para la gestión del tributo. El grueso de ellos se realiza en el periodo de 1859 a 1863, siendo el más completo e importante el de 1863. A partir del Reglamento del 30 / 9 / 1885 se producen rectificaciones y puestas al día de los distintos amillaramientos que llegan hasta 1914 y una tercera fase de elaboración se realiza entre 1945 y 1951.

"En la Villa de Peralejos a diez y seis Dias del Mes de Abril de mil setecientos cinquenta y dos años ante su Ilustrísima D. Juan Ruiz Torre Milano, Juez Subdelegado..." Así comienzan las respuestas de la Villa de Peralejos al *"Interrogatorio"* del Catastro decretado por el ministro de Fernando VI, segundo Borbón, en 1749, Zenón de Soldevilla, Marqués de la Ensenada. Dicho interrogatorio fue realizado en la Corona de Castilla sobre las características económicas y geográficas de todas sus poblaciones y la información detallada sobre los vecinos, familias, bienes, oficios y rentas. La pregunta que recorrió prácticamente todo el reino fue:¿Por qué y para qué querrá la Corona de Castilla exigirme que declare todos mis bienes y rentas? La respuesta es obvia para cualquiera: Fiscalización de la Administración sobre los bienes y de la manera más efectiva posible. Mayor recaudación.

REAL DECRETO
DE SU MAGESTAD,
PARA QUE CON ARREGLO
A LA INSTRUCCION,
FORMULARIOS,
Y PLANES,
QUE LE ACOMPAÑAN,
SE AVERIGUEN LOS EFECTOS,
en que puede fundarfe una fola Contribucion, para el mejor
alivio de fus Vaffallos, en lugar de las que componen
las Rentas Provinciales.

Catastro de Ensenada

Se buscaba una reforma fiscal modernizadora, algo que no resultaba del agrado de muchos, pero que ha aportado un gran conjunto documental que nos permite tener una vision de la estructura social de la época. El Catastro de Ensenada establecía un riguroso recuento exhaustivo de todas las personas y riquezas del territorio. Se dividió en varias secciones. Las fundamentales para el estudio de la villa son las *Respuestas Generales* que nos describen las riquezas y los principales datos de cada entidad de población a nivel general. Se conservan en el Archivo General de Simancas y en los Archivos Históricos Provinciales. Peralejos, en esta época, pertenecía a la Intendencia de Cuenca. El otro gran pilar para el estudio son las *Respuestas Particulares*, a través de las cuales conocemos detalle de los habitantes de cada casa y sus edades. Descripción de las casas, cabida, perfil y calidad de las fincas rústicas. Recuento de ganadería, relación de oficios y rentas, obligaciones del Común, Concejo... Nos da una visión bastante rigurosa, ya que las disposiciones fueron muy exhaustivas y contemplaban severas multas para quienes ocultasen información o aportasen datos falsos. De este cuestionario se realizó una copia que quedó en cada municipio y otra que se envió a la capital de provincia. De nuestra villa no se conserva ninguna copia, desaparecida y destruida en un incendio del Archivo de Cuenca.

La expresion recogida en el decreto resume perfectamente el objetivo que se pretende en cuanto a particulares que declaren *"quanto tuviesen y les reditúa utilidad"* es decir todo su patrimonio y rentas.

El interrogatorio de las Respuestas Generales constaba de 40 preguntas: Pertenencia de la villa, extensión, perímetro... hasta posesiones que pudiera tener el Rey, dándonos una visión de la villa bastante completa. Comienza el interrogatorio con el lugar, fecha y presidencia de la Junta que va a realizar las diligencias. Estaba constituida por el cura D. Mathías Gascón, dos alcaldes ordinarios, Juan Caja Martínez y Pedro Berlanga. Dos regidores, Fernando Cortés y Pedro Rubio, un alcalde la Santa Hermandad, José Muñoz y un síndico, Pedro Martínez Toledano, dos vecinos de la villa de Fuente el Saz , dado los medios de transporte y vías de comunicación existentes, bastante distante de la villa de Peralejos, actuando como peritos y agrimensores, Raimundo Gotor y Francisco Muñoz López, dos labradores prácticos y expertos, vecinos de Peralejos, nombrados por su Ayuntamiento. Cada miembro de la Junta actuaba bajo juramento por Dios y ante la Cruz de expresar la verdad.

La primera pregunta se refiere al nombre de la población: "*Como se llama la población*". Respuesta: "A la primera pregunta digeron que nesta villa esy asido conocida por el nombre de Peralexos, elque tiene de tradizion Antigua, Responden". La segunda pregunta dice textualmente: "Si es de Realengou de Señorio: a quien pertenece que derechos percibe y cuanto producen". Respuesta: " A la segunda "digeron que esta dicha villa es de Realengo pertenece a su magestad comprehendida en el suelo y Señorio de la villa de Molina y que contribuye a la mesma magestad con sesenta y siete mil ciento y sesenta maravedies cada año. De Alcavalas[22] Quarenta y un mil quinientos y veinte y dos maravedies. Por razón de cientos[23] Mil doscientos cinqyuenta y un Realesde Vellón. Diecisiete mil cuatricientos y noventa maravedies de Servicio Ordinario y extraordinario[24]

---

22 Tributo que el vendedor pagaba al fisco en una compraventa y en una permuta ambos contratantes.

23 Cientos.Tributo que llego hasta el 4% de las cosas que se vendían y pagaban alcabalas.

24 Servicio ordinario y extraordinario. Impuesto propio Del Antiguo Régimen Circunscrito a la Corona de Castilla.

Cuatro mil ochocientos y veinte y seis maravedies de Borra[25] y Achaques[26]. Pregunta nº 10: Qué número de medidas de Tierra havra en el Termino disitinguiendo las de cada especie y calidad: por exemplo: Tantas fanegas, o el nombre que tuviese la medida de sembradura, de la mejor calidad; tantas de mediana bondad y tantas de inferior; y lo propio en las demás species que huvieren declarado".

Según se desprende en la respuesta nº 10, el término contaba con una extensión de 31.300 medidas de marco real, equivalentes a 15.650 fanegas de tierra, hoy día suponen 10.078 hectáreas.

Establece un perímetro de "quarenta y un mil noventa y cinco varas que hacen siete leguas la cuarta y quinta parte de otra y trescientos y sesenta pies geométricos, los que por su mucha aspereza necesita para andarse diez oras"[27] 41.095 varas x 0,8395905 = 34,502,9 metros = 34,5029 Kms.

Atendiendo a los datos que reflejan la respuesta, el término municipal tendría una extensión de 6.193 Ha. En la actualidad, según el Instituto Geográfico Nacional, tiene 7.076,2543 Ha. Bastante aproximadas las de una época y otra, teniendo en cuenta las dificultades de medición cuando fue elaborado el Catastro de Ensenada.

Si comparamos los dibujos del perímetro en el año 1756 y lo de 1928, vemos la gran semejanza en los dibujos de los contornos perimetrales.

---

25   Tributo sobre Ganado.

26   Achaques. Multa impuesta por el Concejo de la Mesta.

27   A.H.P. Cuenca. Catastro de Ensenada.Respuestas Generales.

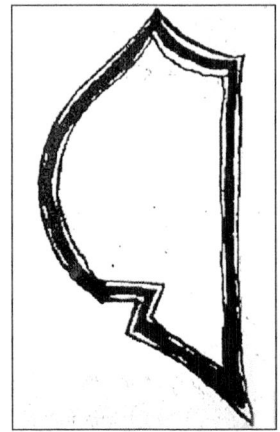

Contorno del perímetro del municipio en el Catastro del Marqués de la Ensenada, 1756[28].

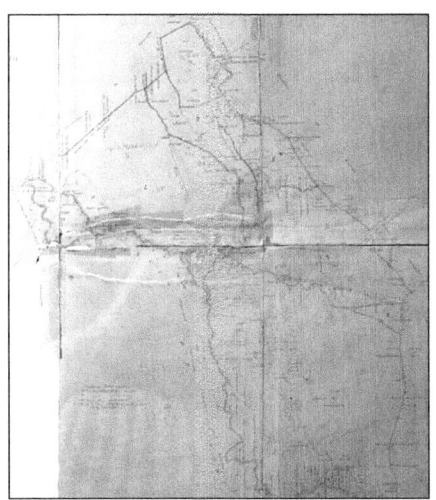

Contorno del perímetro del municipio en 1928[29].

28   A.H.P. Cuenca. Catastro de Ensenada. Respuestas Generales.

29   A.H.P Guadalajara, Catastro Rústica de Peralejos. H.33.746.

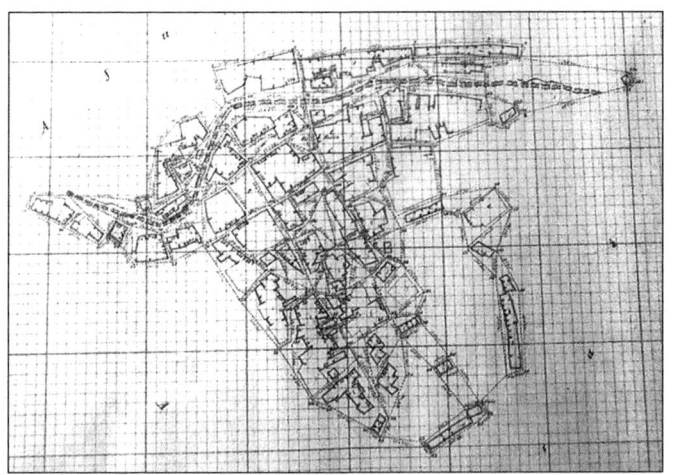

Plano urbano de Peralejos, año 1912[30].

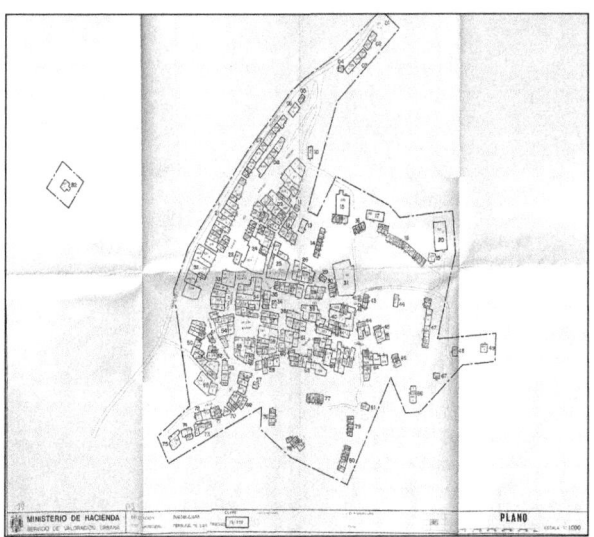

Plano Urbano, año 1976[31].

30   A.H.P. Guadalajara.

31   A.H.P. Guadalajara. Catastro Urbano. Signatura H.18,150.

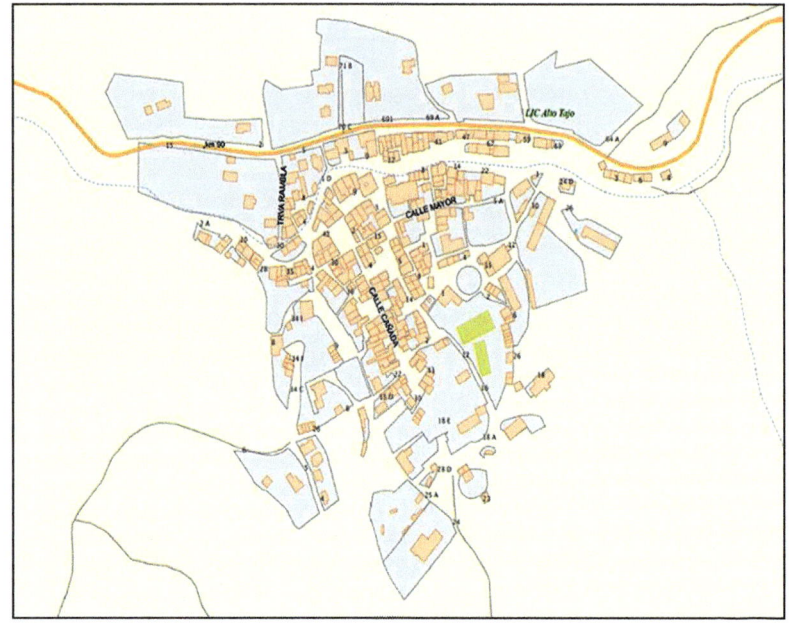

Plano Urbano, actual.

Población

De qué número de Vecinos se compone la Población, y quantos en las Casas de Campo, ó Alquerías. (Pregunta nº 21)

"*A la Vigésimo Primera pregunta digeron que esta villa se compone de doszientos y diez y ocho vecinos, en que entran el Señor Cura, D.Mathias Gascon, un Capellán D.Francisco Veltran , el doctor Zirujano Boticario, las viudas menores y diez Pobres de Solemnidad todos los cuales viven en casas situadas en esta dicha villa y algunas familias dos en cada una y que no hay casa de Campo, ni alquería en el término*". No es fácil determinar el número de habitantes por vecino. Por un lado estaban los religiosos, los célibes, viudas, y por otro había familias muy numerosas y con criados a su servicio. Los especialistas han establecido a partir del Censo de Floridablanca un coeficiente de cerca de 4 habitantes por vecino. Siguiendo este criterio, la Villa tendría alrededor de 872 habitantes distribuidos en ciento setenta casas habitables, siendo todas de propiedad particular y no del Señorío.

Sociedad y fiscalidad

En las respuestas nos viene reflejada de una manera bastante real la estructura social de la época. Se nos habla de vecinos y hacendados dentro de una "sociedad estamental", con la nobleza y el clero como clases privilegiadas exentas del pago de impuestos. La pregunta número veintiseis textualmente pregunta sobre las posibles deudas y réditosque tiene la villa. *"Qué cargos de Justicia tiene el común, como censos que respondan u otros, su importe, por que motive y a quien, de que se debera pedir puntual noticia"*.

El Común de la Villa, según la respuesta veintidós, tenía contratados dos *"Zensos al Redimir"*. *Uno a favor de D. Fernando Valdés, vecino de Molina, por el cual se pagaba anualmente "seiscientos y sesenta reales de réditos". Otro a favor de D. Diego Fernández, igualmente vecino de la villa de Molina, al que pagan anualmente "quatrozientos Reales de Réditos".* Según se textifica en las respuestas, dichos censos *los impusieron para los gastos que se ofrecieron quando se hizo villa*[32]. El paso de lugar a aldea y posteriormente a villa llevaba consigo una serie de derechos, lo que motivaba a las diversas aldeas el intento de comprar el "villazgo" endeudándose con "zensos" o vendiendo tierras que

---

32   Cantidad que gravaba un bien, quedando libre cuando se amortizaba.

pertenecían al municipio. La jurisdicción de las villas no era uniforme, por una parte estaba la señorial. La villa dependía de la "villa madre", Molina, caso de Peralejos, Milmarcos, Orea, Checa, Fuentelsaz. La otra jurisdicción era de realengo, no dependían de la "villa madre", con una jurisdicción independiente de Molina. Existía la convicción de una mejor calidad de vida en las villas de realengo, dentro de la que existía en la época, lo que motivó por parte de las villas mencionadas a comprar la eximencia de Molina mediante fuertes sumas de dinero, reales de vellón. La única que lo consiguió en plenitud fue Checa, las demás después de haber pagado parte de la suma de dinero, fue revocada la acción de eximirla.

Peralejos lo intentó en el siglo XVI junto a Milmarcos, habiendo pagado una cantidad de dinero. Molina hizo una serie de alegaciones que motivaron que el Consejo Real revocase el eximente a pesar de haberlo concedido y pagado la villa parte del dinero solicitado.

Transcripción parcial del escrito de alegaciones que hizo el Concejo de Molina

...de la dicha jurisdicción era venido a noticia de su parte que los lugares de Peralejos y Milmarcos con siniestra relación y callando la dicha provisión habían acudido al mismo Consejo de la Cámara pretendían que se les hiciese merced de eximirlas de dicha jurisdicción y que les hiciésemos villas de por si y sobre si con jurisdicción alta y baja y con maña y cautela pretendían se les despachase privilegios de exención y para tomar la posesión de ella que su parte les hiciesen contradicción lo cual en contradicción de los dichos privilegios y con este ejemplo harían lo mismo muchos lugares de la dicha jurisdicción y el Señorío se quedaría sin la razón que siempre se había conservado... Fir-

man el escrito de la revocación "a veinte días del mes de No-viembre de 1676. El Marqués de Montealegre, conde de la villa de Umbrón. Ldo. D. Antonio de Monsalud, D. Alonso Márquez de Prada, D. Alonso de Olea, D.Francisco Godinez. Yo, Gabriel de Aresti, Secretario del Rey Nuestro Señor y Secretario de Cámara la hice escribir por ser mandado con acuerdo de las de su Consejo Reverendo D. José Vélez, Teniente de Cancillar Mayor.

Los señoríos quedan abolidos por el decreto promulgado el 6 de Agosto de 1811. Desaparecen las jurisdicciones que llevaba consigo este régimen. Queda especificado en varios artículos, pero los tres primeros son clarividentes.

1º.- Desde ahora quedan incorporados a la Nación todos los señoríos jurisdiccionales de cualquier clase y condición que sean.

2º.- Se procederá al nombramiento de todas las justicias y demás funcionarios públicos por el mismo orden y según se verifica en los pueblos de realengo.

3º.- Los Corregidores, Alcaldes mayores y demás empleados comprendidos en el artículo anterior, cesarán desde la publicación de este decreto, a excepción de los Ayuntamientos y Alcaldes ordinarios que permanecerán hasta fin del presente año.

Las tierras venían gravadas por los "Diezmos", "Tercio Diezmos", "Primicia", "Zensos aniversarios", "Zensos perpetuos" y "Servicios ordinarios"[33]. El Común del Pueblo poseía una casa del Concejo y alguna más. Percibía una serie de ingresos por el uso del molino, pastos de las dehesas, taberna y

---

33 Gravámenes diversos sobre las cosechas fundamentalmente, y ganados que iban a parar a la Iglesia, y condes del territorio de Molina.

bastos. El Común sufragaba una serie de gastos que discurrían desde el arreglo de la casa del Concejo, hasta el pago de los sermones de San Juan y San Mateo. Dentro de los gastos se incluye el llevado a cabo para la reparación del puente sobre el Tajo y los dos existentes en la "rambla que cruza el pueblo"[34].

Oficios

Destaca entre los gastos del Concejo lo que aportaba a las familias de los jornaleros que se veían en la necesidad de emigrar a tierras andaluzas. Las respuestas dadas a algunas preguntas del Cuestionario General detallan oficios, cabezas de ganado, calidad de tierras, sueldos que percibían algunos miembros de la comunidad por oficios desempeñados. Tenemos constancia de la existencia de un "Escribano Real", llamado D. Pedro Hermosilla. Recibía un estipendio de mil reales anualmente, considerando "de utilidad en su oficio". Otro Escribano Real, para asuntos del Ayuntamiento, D. Domingo García, vecino de la villa de Checa, percibiendo un sueldo de setecientos reales de vellón, considerado igualmente de utilidad su oficio. Un médico, D. Cristobal Martínez, con un estipendio de mil y quinientos reales, igualmente considerado de utilidad. D.Miguel Carabante, boticario, percibiendo por dicho oficio "dos mil ciento quarenta y cuatro reales, agregándole doscientos reales por obligación de abastos de carne. La profesión de "Zirujano" está presente, Fernando Martínez, percibiendo mil doscientos sesenta y seis reales. Dos alcaldes, Juan Caja y Pedro Verlanga, percibiendo "ochenta y siete Reales a quarenta y tres y medio a cada uno", con duplicidad de cargo pero distintas funciones. Dos regidores, Fernando Cortés y Marcos Baquero por dar y

---

34   Puentes de piedra que existían en la villa.

recibir las cuentas de propios y taberna. Dos hornos de cocer pan *"propiedad de Diego Rubio y Julian Caja, vecinos de esta villa que cada uno tiene en su casa un horno de cocer pan propio y que por si lo administran donde concurren los demás vecinos a cocer se les considera de utilidad annual por dicha agencia de doscientos reales de vellón cada uno"*. Queda reflejada la existencia de un molino harinero *"a distancia media legua poco más o menos de la Poblazion, el cual muele con dos Muelas y agua corriente de Canal de Río Taxo y es propio del comun y concexo de esta expresada villa, el que lleva en Renta Joseph Sanz Moreno, vezino de ella el que paga anualmente de su arrendazion ciento y quarenta fanegas de trigo"*[35]. En la misma respuesta del cuestionario describe textualmente *"se esta fabricando una Ferreria a distancia de legua y media de la Poblacion"*. La propiedad pertenecía a D.Juan Franco vecino de Orihuela, "Reino de Aragón". Estaba situada a la orilla del Río Oceseca". Su puesta en funcionamioento estba previsto el día de Año Nuevo de mil setecientos cincuenta y tres. Su producción se estimaba en *"doscientas y cincuenta arrobas"*. Tenía previsto emplear a los *"Maestros y oficiales siguientes: Un tirador , dos undidores, un acedor. El sueldo anualmente de estos operarios iba de tres mil seiscientos cincuenta reales a dos mil ciento noventa"*. Se hace referencia a la presencia de un capellán que ha de decir Misa a los oficiales los días festivos del año. La importancia de la miel viene constatada ya que el cuestionario dedica una pregunta exclusivamente al número de colmenas existentes en el término. La respuesta es de trescientas diecisiete colmenas, enumerando los propietarios y número de colmenas que poseían cada uno.

---

35   Propiedad Comunal.

La base de la economía, como en toda la Península, era la agricultura y ganadería, pero básicamente de subsistencia. El terreno unido al clíma hace que los cultivos sean escasos y en terrenos de pequeñas dimensiones. Las especies de cereales que se cultivaban, eran trigo, cebada, centeno y avena con la práctica ausencia de frutales y muy pequeña extension de hortalizas. Los terrenos que no eran cultivados se arrendaban junto con dos dehesas, a los ganaderos. Los montes estaban poblados de *"pinochos, enebros y que solo sirven para el uso común de las leñas"*. La cabaña ganadera estaba compuesta por *"ganado mular"* domadas para el ejercicio de la labor. Pollinos con la misma finalidad. Cuarenta y cuatro bueyes para las mismas labores. Especie que posteriormente desapareció de la villa y su utilización para la agricultura, siendo sustituida por el ganado mular. Vacas con sus respectivas crías, caballos domados. Respecto al ganado lanar hace alusión al ganado "zurco"[36] y estante. Igualmente menciona el ganado cabrio.

La finalidad fiscal del Catastro era tal, que fijaban valorada en Reales de Vellón, hasta la producción de las colmenas y el valor de cualquier cría de ganado. Los impuestos que recaían sobre la villa era los "Diezmos Mayores, Tercio

Diezmo, Primicia, Pan de Pecho, Zenso Aniversarios, Perpetuos y Servicio Ordinario".

El destino de los impuestos citados era de lo más diverso. Desde la Dignidad Episcopal de Sigüenza, Tercias Reales, Diputados y Villa de Molina, curato local, Colegio Mayor de la Santa Cruz de Valladolid, Conde de Priego, Caballeros de la Compañía Serenísima Infanta Dª Blanca de la villa de Molina, Religiosas de Buenafuente... Al carecer del Cuaderno de

---

36   Ganado zurco era el que no hacía transhumancia.

Propios de este censo, no se puede establecer el estamento social con exactitud. No obstante, hay elementos en las primeras respuestas que nos indican la presencia de los tres estamentos sociales de la época.

Cuando describe las personas que componen la Junta, hace alusión a la presencia de dos regidores y tres alcaldes. Un regidor era para asuntos del estamento llano, el otro para el estamento de la nobleza, al igual que tres alcaldes, uno exclusivo de la Santa Hermandad, institución creada para mantener el orden rural[37].

En el Libro Parroquial de Bautismos, único registro de nacimientos de la época hasta la creación de los Registros Civiles en 1870, consta la inscripción de nacimientos de personas descendientes del estamento de Hidalguía, lo que nos lleva a deducir la existencia de familias pertenecientes a este estado.

Censo de Pascual Madoz

El diccionario de Pascual Madoz, confeccionado entre los años 1845-1850, nos describe una situación de la villa mucho más somera que el Catastro de Ensenada. Peralejos pertenecía al Partido Judicial de Molina, Capitanía General de Castilla La Nueva y diócesis de Sigüenza[38]. Describe la situación geográfica de la villa. Referente a los términos limítrofes, hace alusión a los actuales de Taravilla, Megina, Checa, añadiendo el de Tragacete y omitiendo el de Terzaga. La minería viene reflejada por las minas de hierro y carbón piedra desde 1650, con la característica de semiabandonadas. Poco difiere del Catastro de Ensenada

---

37   Alcaldes de los estamentos.

38   Incluye jurisdicción militar.

en la vegetación que cita: pinos, robles, espinos, zarzas y otros arbustos, con dos dehesas de pastos naturales.

Nos describe la fauna con especies de perdices, liebres, conejos y ciervos, haciendo alusión al aprovechamiento que supone para el vecindario, al igual que las truchas del Tajo, de gran calidad. Omite el Hoz Seca.

Los cereales variados, legumbres, patatas, leñas de combustible y pastos, es lo que el hombre obtiene del terreno, clasificado como de mediana calidad. No hay ninguna referencia de frutales ni de cultivos de huertas. Menciona la existencia de dos dehesas de pastos naturales para el aprovechamiento de la ganadería de la villa.

La cabaña ganadera estaba constituida por ganado lanar cabrío y vacuno, añadiendo los animales utilizados en las labores agrícolas y transporte.

La existencia de dos molinos harineros, el descrito en el Catastro de Ensenada y otro en el paraje denominado "La Viña". Dos ferrerías, la descrita en el Río Hoz Seca (Oceseca) y otra en el Martinete.

La economía poco variaba de épocas anteriores, agricultura y ganadería de subsistencia, agregando la exportación de lana, hierro y madera. Importaba un mínimo de productos que se carecían de ellos en el autoabastecimiento. Los montes del término surtían de leña para el consumo de los vecinos.

Censa 170 casas, la Consistorial con cárcel y escuela de Instrucción Primaria con

50 alumnos, dotada de 2.000 Reales. La de "niñas" no tiene dotación económica. Unicamente la convenida con los padres de las discípulas.

Contaba con 178 vecinos, 764 habitantes "almas".

La Rambla del Arroyo viene descrita, al igual que el Río Tajo, estableciendo el tiempo que se tarda en llegar. A media hora de distancia de la villa, con un puente de piedra semiarruinado. (Martinete). Las vías de comunicación estaban constituidas por caminos de "herradura", locales y en mal estado.

Contaba con Servicio Postal, recibiéndose y despachando en la cabeza de partido. Hay que recordar que no está muy lejana una situación similar para el Servicio Postal, cambiando la cabeza de partido por la vecina villa de Megina.

La Iglesia de San Mateo, servida por un cura y un beneficiado. Hace alusión a la ermita de Nª Señora de Ribagorda.

Censo de Amillaramiento

En 1863 se publica el Censo de Amillaramiento, constituyendo una fuente básica para darnos una idea de la situación social existente en la villa. Su estructura, sencilla pero eficiente, incluye una relación de contribuyentes por orden alfabético, un poco a la usanza de la época. Figuran 210 inscritos, de los cuales 13 eran mujeres. La villa en 1867 contaba con 681 habitantes censados. Una diligencia de apertura, en la cual consta término municipal y año de elaboración del Amillaramiento.

Cartilla "evaluatoria" de la riqueza territorial de los bienes, expresando el valor en reales y céntimos. Aprobada por el Gobernador Civil y la fecha de dicha aprobación. Cerraba dicha evaluación la diligencia correspondiente del Secretario de Ayuntamiento con el Vº Bº del Alcalde. (Domingo Arauz, Secretario. Antonio Martínez, Alcalde).

Los bienes de cada contribuyente vienen detallados y valorados, dependiendo de la naturaleza y categoría. Rústica, Pecuaria y Urbana. Se confeccionaba sobre una declaración jurada de cada declarante, con sellos en las páginas de tinta y troquelados. Finalizando el censo de cada modalidad con un cuadro resumen y un cuadro resumen general.

Antes de su aprobación definitiva, tenía que ser expuesto para posibles rectificaciones y publicado en el Boletín Oficial de la Provincia (28 diciembre 1863). Posteriormente, se aprobaba por la Corporación Municipal presidida por el Alcalde y Rubricada por todos los miembros. Cerrando todas las rúbricas, la del Secretario.

Corporación Municipal:

Antonio Martínez. (Alcalde)

Fernando Rubio

Benito Esteban

Benito Rubio

Francisco Esteban

Domingo Arauz (Secretario)

A nivel provincial se cerraba con una diligencia, en la cual se daba fé de lo expuesto en el Censo.

Guadalajara 30 de Marzo de 1864

Examinado este amillaramiento que consta de

doscientas treinta y siete paginas útiles de riquezas

rusticas, cincuenta y ocho de urbana y sesenta y ocho

de pecuarias, selladas con el que precede; y

estando hecho con sugecciones a las presripciones vigentes

asi como exactas las operaciones autenticas, según

queda demostrado en el expediente de su resumen, archivado

en estas dependencias, he acordado aprobarlo, como

lo apruebo en uso de las facultades que me corresponden,

sin perjuicio del derecho de sucesivas depuraciones

de las riquezas del distrito municipal a que pertenece,

devolviéndose las copias debidamente autorizadas

al Ayuntamiento del mismo a los efectos legales.

Oleaza. (Rubricado)

Riqueza Rústica

Lo abrupto del terreno, unido a la aridez del clima, sin grandes extensiones de cultivo, hacen que la valoración de la tierra sea baja. El cuadro resumen incluido al final de la descripción, nos da una base imponible para la recaudación de 46.948 reales con 36 céntimos. Refleja 1.540 fincas, con una cabida de 9427 fanegas y 9 celemines. En las medidas actuales serían 6.088,48 Ha[39].

Dedicadas a regadío, legumbres y hortalizas 149 fincas con una cabida de 41 fanegas y 3 celemines.26,64 Ha . De secano 1.102 fincas, con una cabida de 1.947 fanegas y 6 celemines. 1.257,89 Ha. Como "monte alto y bajo" con una cabida de 2.275 fanegas, 1.469,42 Ha. De "pastos e inútil de toda pro-

---

39   Referencia de la medida de la fanega en Cuenca y Marco Real de Ávila.

ducción "con una cabida de 3.752 fanegas, 2.423,41 Ha, 1 de prados con 251 fanegas, 162,12 Ha, 1 Dehesa Boyal de 1,121 fanegas, 0,73 Ha, finalizando con una "hera de pan trillar" de 40 fanegas, 25,83 Ha.

La medida utilizada , según la diligencia "medida agraria reducida al marco real de Ávila" que consta de 9.216 varas cuadradas.

(Transcripción literal del cuadro resumen)

Resumen Riqueza Rústica

	Numero de fincas	Total de su cabida	Total imponible
Tierras destinadas a Regadío para hortalizas y legumbres · · · · · · · · · ·	159	41 faneg. 3 Celem.	4376 R 81 Ct
Idem de secano a cereales · · · · · · · ·	1102	1947 faneg. 6 Celem.	31.202 R. 55 Ct
Idem de Monte alto y bajo · · · · · · · ·	275	2275 faneg.	6.825 R.
Inutil de toda produci y pastos · · · ·	1	3752 faneg.	----------------
Idem de prados · · · · · · · · · · · · · · ·	1	251 fang.	502 R.
Idem de dehesas boyales · · · · · · · · · ·	1	1121 fang.	2,242 R.
Idem a heras de pan trillar · · · · · · ·	1	40 fang.	800 R.
	1540	9427--	46948 R 36 Ct

Riqueza Pecuaria

Se evaluaba todo tipo de animales que llevasen consigo un rendimiento, incluidas las abejas. Variaba su clasificación, si era de cría, labor, uso propio.... Lo describía con exactitud la posesión por cada contribuyente. Especificaba el número de cabezas y especie de cada contribuyente, detallando incluso si eran "primales" ovinos o cabríos. El número de cabezas de ganado bovino era considerable, predominando los pequeños propietarios. Algunas declaraciones reflejaban solo una o dos cabezas.

El cuadro resumen nos muestra el número de cabezas de ganado de las distintas especies de la época.

Resumen de la Riqueza Pecuaria

Número	Usos a que estan destinadas	Total de cabezas imponible
312	Ganado a la labor	17.015 Reales v.
13	Ganado uso propio	390 " "
3736	a Grangeria	23.938 " "
4061		41.343 " "

Riqueza Urbana

La descripción de la riqueza urbana no refleja todas las edificaciones existentes. Se limita únicamente a las que servían de vivienda. Sólo se da la inclusión de dos viviendas "en el campo", sin especificar paraje. No figuran pajares, casillas, corrales, parideras y los molinos que según censos anteriores existían. Se adjudicaba una casa por contribuyente, con una excepción de un inscrito con dos inmuebles. Un contribuyente figura cuya única propiedad es la "casa en el campo", adjudicándole un "valor imponible" de 15 Reales. El valor imponible de los inmuebles oscilaba entre 15 Reales el más bajo y 200 el mayor, estando la media alrededor de 50 Reales de Vellón[40].

La relación de riqueza urbana por orden alfabético de contribuyentes, con descripción del inmueble, calle y número. Las calles descritas vienen denominadas como Cerrillo, Arroyo Abajo, Arroyo Arriba, Cañada, Mayor, Real, Plaza de la Taberna, Plaza Mayor, Callejón del Cerrillo, Callejón de la Plaza.

El primer plano del cual tenemos constancia, fue confeccionado en 1912, 50 años de diferencia con el Amillaramiento de 1863, con Vº Bº del Ingeniero Jefe de los servicios Topográficos. Observamos la distribución del casco urbano en forma creciente del paraje de las Heras, parte alta del casco urbano, hasta el Arroyo, atravesando el cauce todo el casco urbano con edificaciones en su margen derecha, aunque la mayor parte están en su margen izquierda. La carretera que en la actualidad bordea la villa fue construida posteriormente en los años 50.

Vienen reflejados los dos puentes de piedra que existían, a la altura del Ayuntamiento y en la parte del Arroyo de Abajo.

La leyenda de las notas numera con letras los edificios emblemáticos: Ayuntamiento, Escuela de niños, Escuela de Niñas, Iglesia, Atrio de la Iglesia, Plaza de la Constitución. El Cementerio Antiguo estaba ubicado, en el patio de entrada de la Iglesia. Posteriormente se trasladó a la entrada de la villa, orilla de las heras del corral. En la actualidad sólo se conserva un resto de muro y dintel de puerta de entrada.

Posteriormente se ubicó en el camino del río, contando incluso con local para depósito de cadáveres.

---

40   Real de Vellón. Moneda de aleación de plata y cobre.

Resumen riqueza Urbana

	Número de Fincas	Producto total de las mismas	Bajas por huecos y reparos	Total líquido imponible
Destinadas a habitación en el pueblo	193	15.012, 75 R.V	3.753, 19 R.V	11.259, 56 R.V
Fuera de la población	2	52 R.V	13,50 R.V	20.50 R.V.
Exentas perpetuamente	4	-----------	-----------	-----------
	199	19.066,75 R.V	3.766,69	11.300,06

==

Resumen General de Riquezas

Riqueza Rústica	. . . .	46.948,36 R.V
Riqueza Urbana	. . . .	11.300,00 R.V
Riqueza Pecuaria	. . . .	41.343,00 R.V
Total	. . . .	99.591,36

A partir de 1868, (19/10/1868) se implanta en España como moneda la peseta, desplazando al Real de Vellón. Se adapta el Sistema Metrico Decimal, dividiéndola en fracciones decimales. El equivalente en oro de la nueva moneda es 0,29 gramos de oro fino.

El siguiente cuadro refleja cálculos estimativos del precio del oro y salario por día trabajado en los años 1752 (Catastro de Ensenada), 1997, cercana la implatación del Euro, y 2020.

COTIZACIÓN ORO

AÑO	MONEDA	GRAMOS ORO	COTIZACIÓN GRAMO ORO FINO
1752	REAL DE VELLÓN	0,0906125 g.	11,036005 Rv.
1997	PESETA	0,00058007 g.	1.723,93 PTS
2020	EURO	0,021 g.	47,41 € / 788,12 p.

Para comparar los salarios establecemos grupos de asalariados de 1752, 1997 y 2020, que consideramos homólogos con las consiguientes reservas que llevan consigo las distintas épocas. Incluimos en un grupo a todos los menestrales[41] no agrarios de mediados del siglo XVIII, es decir se excluyen los agricultores, pastores, mozos de labor, jornaleros y similares, el grupo incluye a todos los trabajadores con categoría de obreros que no se dedican a la agricultura, en las épocas señaladas.

---

41   Oficios

SALARIO INTERPROFESIONAL
(Menestrales y obreros no agrícolas)
(Estimación aproximada)

AÑO	SALARIO MEDIO DIA TRABAJADO	EQUIVALENCIA ORO
1752	3,96 R.v	0,35 gramos/oro
1997	3.685 p.	2,13 gramos/oro
2020	36,9 €/ 6.146 p.	0,775 gramos/oro

Estas equivalencias son estimativas basadas en estudios de. I.N.E.[42] con las variaciones que pueda haber en tiempo,inflacción, valor del oro.

En el siglo XX, la economía sigue siendo básicamente agrícola y de subsistencia. En diversos documentos se ve la necesidad que han tenido los habitantes de la villa, sobre todo varones, de hacer una emigración interior a diversas regiones de España.

El Catastro de Ensenada (1752) en uno de sus apartados refleja una partida para las familias de los varones que han tenido que ausentarse de la villa a ganar el sustento a "La Mancha y Las Andalucías".

En 1855 en documentos que remitía el Alcalde a la Comisión Nacional de Bienes, con motivo de la desamortización, indica el no poder realizar el inventario requerido por estar ausente la población de hombres en La Mancha y Andalucía. En

---

42   I.N.E. Datos del libro del I.N.E

los años cincuenta y sesenta, esta emigarción interior fue temporal, fundamentalmente a la elaboración de carbón al Pirineo Oscense, repoblación forestal en la Costa Brava, obras en la vía ferroviaria y construcción. Posteriomente, esta emigración fue definitiva a puestos del tejido industrial, quedando la Villa con un sector dedicado a la ganadería con una cabaña con pocos propietarios, pero mayor número de cabezas de ganado ovino fundamentalmente y fuerte incidencia del sector turístico.

En la actualidad hay un gran número de viviendas, reconstruidas sobre las antiguas y de nueva construcción. El número de edificios que existía en el pueblo, su número de pisos y su dedicación, así como los que se dedicaban a otras labores, nos puede aproximar a la sociedad de la época.

A partir de 1900, se realizan cómputos generales de edificaciones de la villa, indicando su uso, número de pisos de los edificios y distancia al núcleo urbano.

Los censos aludidos se realizaban cada 10 años, comenzando en 1900. Son mucho más precisos que los diversos Censos de Amillaramiento realizados anteriormente, ya que cada año se realizaba un presupuesto de recaudación rústica y urbana, detallando el número de recibos en tramos según cuantía. En dichos presupuestos viene reflejada una partida dedicada a Enseñanza Primaria, dejando de aparecer en 1943. A partir de 1940 se destina un porcentaje del presupuesto para contibución al Paro Obrero.

En la relación de contribuyentes en el plano rústico aparecen recibos a nombre del Común de Vecinos, Ayuntamiento y Propios. En el plano urbano quedan reflejados además de los edificios del núcleo urbano, los de la Herrería del Hoz Seca, Molino de la Viña y eléctrica de Sierra Menera[43].

---

43   A.H.P de Guadalajara. (Censo de contribuyentes)

ESTADÍSTICA DE EDIFICIOS

AÑO	Nº EDIFICIOS	DESTINADOS A VIVIENDAS	PAJARES, PARIDERAS Y CASILLAS
1900	390	1 Piso 60 2 Pisos 70 3 Pisos 95 Total..... 225	165
1910	482	1 Piso 32 2 Pisos 165 3 Pisos 45 Total.......242	240
1930	394	1 Piso 30 2 Pisos 129 3 Pisos 84 Total....... 243	151

EDIFICIOS CENSADOS EN 1930 DEDICADOS A DIVERSOS USOS FUERA DEL CASCO URBANO

DENOMINACIÓN EDIFICIO	DISTANCIA AL NÚCLEO URBANO	USO A QUE ESTÁ DESTINADO
Colmenar del Arroyo de Abajo	0,2 Kms.	Corral de colmenas
Colmenar de las Portezuelas	11,1 Kms	Corral de colmenas
Colmenar de la Tejera	1,3 Kms	Corral de colmenas
Ferrería de la Hoz Seca	11,1 Kms	Fábrica de fundición
Ferrería del Rinconquillo	5,5 Kms	Fábrica de fundición
Los Molinos	1,3 Kms	Molinos harineros
Nuestra Señora de Rivagorda Ermita	4,1	Culto religioso
Pajares de las Heras	0,06 Kms a 0,3 Kms	Almacén de forraje
Parideras de ganados	Diversa	Albergue ganado
Tejar de la Saceda	1 Kms	Tejar

El censo de edificios de 1981 refleja 200 edificios dedicados a viviendas familiares. El mismo documento refleja una población de 193 habitantes, lo cual nos da idea de la dedicación en gran parte de la actividad de la villa al sector terciario.

Los datos de la Consejería de Agricultura del año 2014, contabilizan una superficie de 42 Ha de tierras de cultivo, de las cuales sólo 2 Ha están ocupadas por cultivos herbáceos. El resto hasta completar 6,963 Ha, salvo pequeños huertos domésticos, están yermas, pastizales, monte bajo, monte maderable, monte leñoso y prados naturales, estando ligada su ocupación al sector ganadero.

Religión

La necesidad es algo inherente a la vida del hombre. Vivir es desarrollar las posibilidades de conseguir lo que nos hace falta. Estas necesidades se podrían encuadrar en cuatro categorías estando interrelacionadas entre sí: corporales, psíquicas, sociales y espirituales. La religiosidad viene determinada por unas creencias que se integrarían dentro de las necesidades espirituales, acompañadas de unos ideales y valores propios. Todos necesitamos creer en algo, aunque el objeto y la forma de esta fe sea muy diferente entre unos y otros. La Religión Católica ha estado presente en nuestro devenir histórico, y por tanto en nuestra villa. En este trabajo nos proponemos llevar a cabo una descripción lo más aproximada posible de su presencia y evolución experimentada a lo largo del tiempo en la villa de Peralejos, poniendo el foco en aquellos aspectos que consideramos básicos en su configuración y desarrollo como son:

1º.- Presencia del clero.

2º.- Propiedades eclesiásticas.

3º.- Instituciones.

Presencia del clero

El clero es, desde el principio, cabeza visible de la Religión Católica y el principal artífice del desarrollo religioso en las poblaciones. Peralejos no puede ser una excepción y así vemos como ya a principios del siglo XIII, en un documento sobre demarcaciones territoriales y competencias, hace alusión a Peralejos. Data de 1244, el maestre D. Pelayo Pérez Correa, el comendador Montánchez D. Martín López y el freire de Uclés, D. Gil Gómez que *"… hace ajuste con herederos de Martín Yáñez, en pleito sobre términos de Peralejos cerca del río Tajo, prometiendo de estar a lo que determinaron D. Rodrigo Leveguer que fue el maestro Nicolás…".*[44]

La "Tierra de Molina", en la cual estaba enclavado Peralejos, constituía un arcedianato del Obispado de Sigüenza. Se relacionan los lugares, aldeas y villas que contaban con iglesia. Peralejos aparece en dicha relación: *En la Iglesia de Peralejos ay dos beneficios e el beneficio con la cura vale de renta 200 mrvs e el otro beneficio del absente vale cada año de renta 400 mrv. Su C.C. La Xª xLmrs*[45].

Sánchez Portocarrero en su obra " Historia del Real Señorío de Molina", señala en 1367 a Peralejos como parroquia de dos beneficios para la Catedral de Sigüenza[46].

A partir de aquí, el devenir histórico de la iglesia y sus sacerdotes no nos deja huella documental, pero seguirán desempeñando un papel importante en la vida de la población de la

44 A.H.N. (R.A.M. Col. Salazar y Castro B/10. (doc. 165)

45 Mingella y Arnedo Toribio. *Hª de la Diócesis de Sigüenza.* Vol, 2 Pp. 335-342.

46 Sánchez Portocarrero, Diego: *Antigüedad del Noble y Muy Leal Señorío de Molina.* Madrid, 1641.

villa, la una como lugar en torno al cual tendrán lugar todo tipo de celebraciones, religiosas unas (bautismos, fallecimientos, fiestas religiosas y patronales, conmemoraciones...) profanas otras (reuniones del Concejo), los otros como directores espirituales de sus vecinos.

Así llegamos al siglo XVI, en el que algo que ya se hacía en algunas iglesias, se generaliza y se hace obligatorio: surgen los libros de bautismos, matrimonios y defunciones, en los que los párrocos deben asentar cada uno de estos acontecimientos aportando la mayor cantidad de datos posibles (fechas, nombres de padres, madres, padrinos, procedencia, enfermedades, oficiante...) que, aparte del interés y utilidad que tenían para la época de inscripción, nos permiten en la actualidad estudiar las fluctuaciones de población consecuencia de los nacimientos y muertes registrados, edad de matrimonio, defunción, etc. Así vemos cómo en Peralejos, el Libro de Bautismos se inicia en 1555, con la inscripción del primer bautizado, nombre y procedencia de sus padres, padrinos y la firma del párroco que lo bautizó. En este caso reducido a Martínez que es de suponer que sería el Párroco de la villa. Apellido que llevarían párrocos posteriores unidos por lazos familiares[47]. El Libro de bautizados del año 1591 refleja este traspaso de competencias de un clérigo a otro, tío y sobrino respectivamente.

"Libro de bautizados niños y niñas deste lugar de peralejos en el arciprestazgo de molina diócesis de siguenca, comprose el año de mil y quinientos y noventa y un años siendo cura el licenciado Juan Martínez natural de dicho lugar aviendo tomado la posesión del curado a diez y seis del mes de diciembre del año pasado de mil y quinientos noventa por rresignacion que en su fabor hico alonso martínez su tio cura y antecesor suyo".

---

47   Archivo Diocesano de Sigüenza. Libro de Bautismos.

Estos documentos ponían en manos de la Iglesia el control de la población (nacidos, casados, muertos...). Cuando en el siglo XIX las relaciones Iglesia–Estado se deterioraron, éste vio en esos documentos un instrumento de singular importancia para, a través de ese control, beneficiar sus propios intereses: se crea el Registro Civil que le permitirá ser el controlador de su población.

La implantación de las capellanías supuso un aumento de la presencia de clérigos en la villa. Los conflictos que surgían entre los beneficiados y posibles titulares, las restricciones impuestas por Carlos III y Carlos IV, incentivándose con las posteriores leyes desamortizadoras hizo que decayera su plenitud y la consiguiente disminución de la presencia del clero en el mundo rural.

En 1752, el Catastro de Ensenada, elaborado bajo el reinado de Fernando VI, a la pregunta número veintiuno de las Respuestas Generales dice:

"A la vigésimo primera pregunta dijeron que esta villa se compone de doszientos y diez y ocho vecinos en que entran el Señor Cura D. Mathias Gascón, un Capellán, D. Francisco Veltran"[48]

A la pregunta número treinta y nueve, *"Si hay Conventos, de qué Religiones y sexo. y qué número cada uno"*

"Dijeron no había en la Villa y su término cosa alguna de las que contienen"

En 1787 el Censo de Floridablanca censa a dos clérigos, un párroco y un beneficiado. No varía la situación según el Diccionario Enciclopédico de Pascual Madoz, elaborado en 1850:

---

48   Archivo Histórico Provincial de Cuenca. Catastro de Ensenada. Respuestas Generales.

cita dos clérigos en la villa, un cura y un beneficiado[49]. En los censos elaborados en 1930 y 1934, figura un clérigo censado, hecho que se ha mantenido hasta el momento actual, incluso alternando sus funciones en varios pueblos de la zona[50]. Publicaciones del siglo XIX y XX sitúan en la Villa los inicios de una congregación cisterciense dependientes del Monasterio de Poblet[51]. Documentos del Archivo Histórico Nacional, relativos a la fundación del Monasterio de Santa María de Piedra, indican con nitidez que se refieren al Peralejos turolense.

"A 5 días de los idus de Mayo de 1194, bendecidos por el Abad de Poblet, Pedro Massanet, salieron 12 monjes cistercienses con la intención de crear una comunidad filial en el area recién conquistada". Al mando de estos monjes iba el Abad Gaufredo de Rocabert, descendiente de una familia de la Nobleza Catalana. Se establecieron provisionalmente en la villa de Peralejos, situada a 4,14 leguas de Teruel. Según testimonio hasta el mes de Noviembre que partieron para fundar el Monasterio de Santa María de Piedra.

Título de Sacristán

La figura del Sacristán, ligada íntimamente a la Parroquia en el Siglo XIX, llevaba consigo un proceso selectivo. Tomás Rubio solicitó dicha plaza que le fue otorgada previo paso de pruebas y Doctrina Cristiana. Dicho proceso selectivo se realizó en Sigüenza, siendo examinado por el cura ecónomo y el organista de la Catedral de Sigüenza. Se le otorgó el título de

---

49 Madoz, Pascual. Diccionario Geográfico Estadístico. 1850. Tomo VIII.

50 Instituto Nacional de Estadística. Censos de población 1930-1934.

51 Archivo Histórico Nacional. Clero. Códice 55- Lumen Domus Patrae.

"Sacristán" y organista, firmado por el Gobernador Vicario Capellán del Obispado de Sigüenza a veinte y ocho de Noviembre de mil Ochocientos cuarenta y seis.

Propiedades eclesiásticas

La subsistencia ha sido una de las principales preocupaciones del clero rural en el transcurrir histórico, existiendo diferencias bastante profundas de unas villas a otras. Con frecuencia, el pecunio venía abonado en especies, quedando disminuidas a favor de dignidades de mayor rango. Los ingresos con los que se sustentaba, además de los procedentes del Concejo, se complementaban con celebraciones en determinadas fechas, sermones en días festivos y la propia recolección del huerto. Importancia vital en estos ingresos tuvieron las capellanías. Con sus donaciones contribuían de manera bastante notable al sustento e incluso a la formación de clérigos. Alcanzan su plenitud en el siglo XVI, empezando a decaer en el XVIII. Incluso surgieron voces que propugnaban su desaparición. El Catastro de Ensenada describe con exactitud las percepciones del clero por parte de la villa. La pregunta nº 15: *"qué derechos se hallan impuestos…"* tiene esta respuesta: *"Los derechos que recaen en la villa y repercuten en la Iglesia"*.

Diezmo, Pan de Pecho, Servicio Ordinario

El pan de Pecho es una obligación que se implanta en Siglo XIII en Tierras del Señorío por la condesa Dª Blanca y termina a principios del XIX. Los beneficiados de estos derechos no solo repercutían en el clero local sino también de fuera de la Villa. Los perceptores eran: la Dignidad Episcopal de Sigüenza, Iglesia de la ciudad de Sigüenza, Fábrica de la Iglesia, Parroquia de la villa de Peralejos, Beneficio curato de la villa, Colegio Mayor de la Santa Cruz de Valladolid por el beneficio que tiene sobre dicho curato de esta expresada villa, y Religiosas Bernardas de Buenafuente. Además de estas percepciones del clero, el Concejo también debía satisfacer con otra serie de "gastos" de carácter local: Por decir Misa a los oficiales de la ferrería del río Hoz Seca, predicador de sermones en Cuaresma, Sermones en fiestas señaladas, así como pago al sacristán por cuidar del reloj y untar aceite. Estas obligaciones impositivas de carácter local fueron decayendo en el transcurrir del tiempo, quedando algunas de modo testimonial. Posteriormente dan paso a asignaciones reflejadas en los Presupuestos del Estado, jugando un papel importante en su distribución las Diputaciones Provinciales. La supresión de los diezmos en España se acordó en 1837, aunque se demoró hasta el fin de la Primera Guerra Carlista. Posteriormente en 1841 nació la Contribución de Culto y Clero. Las sucesivas constituciones de 1845, 1868 y 1876, esta última vigente hasta 1931, recogen específicamente la obligación del Estado de amparar económicamente a la Iglesia. En 1931, una ley especial regula la extinción en un plazo máximo de dos años el presupuesto del clero. Posteriormente se firma por parte del Estado y la Santa Sede concordatos en los que se regula la subvención de la Iglesia Católica[52].

Al hablar de financiación eclesiástica, además de los ingresos mencionados, están las propiedades que poseía la Iglesia en la Villa que podríamos encuadrarlas en tres grupos: Pertenecientes a las Capellanías, Parroquiales y las de la Ermita de Nuestra

---

52   García Berberana, T.: *"Las subvenciones económicas a la Iglesia"* Universidad Pontificia de Salamanca. Estudios de la III Semana de Derecho Canónico. Salamanca 1950.

Señora de Ribagorda, no estando exentas en numerosas ocasiones de polémicas y litigios por causas diversas. Llegando incluso en algunas ocasiones a quedar desiertas las subastas públicas de tierras aunque se tratase de pujas bastante bajas.

Las Capellanías contaban entre otras ganancias con los bienes que eran donados por sus fundadores y constituían la principal fuente de ingresos del beneficiario, siendo un importante remanente de propiedades, sobre todo rurales. Periódicamente se realizaban apeos, amojonamientos y deslindes, así como de sus tierras, y como inventario de los bienes urbanos, recurriendo para su realización a personas que "entendieran" del caso, llevando a cabo trámites perfectamente delimitados y por supuesto actuando bajo *"juramento de realizar la labor encomendada con el mayor rigor y justicia".*

Estos inventarios se realizaban por separado y cada institución contaba con su Mayordomo Administrador. Los bienes urbanos parroquiales en el municipio eran más bien escasos. Consistían en la Iglesia Parroquial, el granero anexo a ésta, fuente de polémica en ocasiones y la Ermita de Nuestra Señora de Ribagorda con "suertes" rurales. Hay que agregar a estas propiedades la ermita de San Sebastián. No quedan restos de ella, pero hay escritos que sí hablan del edificio enclavado en lo que en la actualidad se denomina "*La Andonera*". Las propiedades rurales eran considerables en número, pero no en calidad y productividad. Aparecen calificadas repetidamente como "yermas", "no cultivadas" o de "ínfima calidad". A estos dos tipos de propiedades hay que agregar los "censos". Se trata de obligaciones financieras que las personas contraían con estas instituciones, sobre todo con las Capellanías. Consistían en conceder créditos que el adquiriente avalaba con sus propiedades y que retribuía a través de rentas anuales pagaderas en fechas fijas. Las propiedades rurales eclesiásticas a veces eran objetos de intrusismo, viéndose la necesidad de realizar "apeamientos". En 1767 se realiza un apeamiento de las propiedades de la Ermita de la Virgen de Ribagorda con objeto de "denunciar el intrusismo que se ha detectado en algunas propiedades". Esta actuación quedó perfectamente reglada con notificación a las partes afectadas mediante escrito expuesto en la puerta de la Iglesia[53]. En 1841 se realizan apeamientos de la Iglesia Parroquial, Ermita de Nuestra Señora de Ribagorda y Capellanía de Ánimas. Las encabezan los Mayordomos de estas instituciones. Los bienes inmuebles referentes a la Parroquia consisten en granero anexo a la Iglesia Parroquial y el edificio de la iglesia.

A la Ermita de Ribagorda, el edificio de la Ermita y a la Capellanía de Ánimas una casa en mal estado. En cuanto a los bienes rurales, a pesar no ser escasos, los describen de ínfima calidad[54]. En inventarios remitidos en 1841 queda constancia de la ausencia de bienes inmuebles del curato ya que se refleja en la relación jurada del Párroco D. Juan Ximénez , *"no existe bien inmueble alguno ligado a éste, teniendo que vivir él y el curato de la villa en una casa alquilada con el pago de la correspondiente renta"*[55].

Los inventarios y amojonamientos se realizaron periódicamente alcanzando gran relevancia en el siglo XIX, merced a las desamortizaciones venideras. En estos inventarios constaban fecha, arrendatario y las rentas que debía satisfacer por el uso de los bienes. Vuelve a mencionarse la baja o ínfima calidad de las tierras.

---

53 Archivo Histórico Provincial de Guadalajara. Comisión Local. Apeamiento Virgen de Ribagorda. 1767.

54 Archivo Histórico Provincial de Guadalajara. Expediente Desamortización. 1841.

55 Archivo Histórico Provincial de Guadalajara. Expediente Desamortización. 1841.

Otra fuente para acercarnos a las propiedades eclesiásticas en la villa son las expropiaciones decretadas. Llevaban consigo un inventario previo por parte del Ayuntamiento a instancia de la Comisión de Bienes Nacionales. En el Boletín Oficial se publicaban órdenes y decretos que instaban a los alcaldes de la villa a realizar inventario de bienes eclesiásticos, entre otros. Éstos no estaban exentos de polémicas y susceptibilidades en el intercambio de correspondencia oficial. La Comisión señala la tardanza en la remisión de datos, su inexactitud y en ocasiones omisión. En oficio fechado en 1848 remitido por el Ayuntamiento al Gobernador Civil se refleja la imposibilidad de mandar los datos requeridos debido a la ausencia de hombres que entiendan de la medición por estar ganando el "sustento" en tierras de Andalucía y La Mancha[56]. El Regidor Municipal en escrito fecha 6 de Agosto de 1855 comunica al Gobernador de la Provincia el haber remitido en fechas anteriores los datos requeridos con precisión y volver a mandarlos de nuevo a pesar de estar padeciendo una epidemia de "cólera mórbida asiática" que afecta a gran parte de los habitantes de la villa. El mismo año con fecha 13 de Septiembre el Ayuntamiento vuelve a remitir un escrito insistiendo en la epidemia de "cólera mórbida" aludiendo a la propiedad del granero anexo a la Iglesia[57].

Corrobora dicha pertenencia al Consistorio, incluso se hace constar que la escuela de niños está allí establecida y el Consistorio no ha pagado cantidad alguna a la Iglesia por la utilización de dicho inmueble.

---

56   Archivo Histórico Provincial de Guadalajara. Expediente Desamortización. 1848.

57   Archivo Histórico Provincial de Guadalajara. Expediente Desamortización. 1855.

Instituciones

La Parroquia es la principal institución más estable por su vinculación con el Obispado y no estar expuesta a oscilaciones y tiranteces que se daban en las Capellanías. Existían otras instituciones de menor rango como Cofradías. Se encuentra reflejada la del "Santo Niño". Sabemos de su existencia por aparecer en el Censo de Amillaramiento de 1867. En la actualidad no hay ninguna constancia de su existencia, y por último la de Mayordomos de la Virgen de Ribagorda.

Capellanías

Instituciones de gran importancia. Se podrían dividir en dos grandes grupos: Laicas, no precisando la aprobación eclesiástica correspondiente (acto de erección) y sus bienes no han sido espiritualizadas, (son bienes seculares o profanos) pueden ser poseídas por legos. Eclesiásticas o colativas, requieren la aprobación de la autoridad eclesiástica mediante el acto de erección o canónica institución (colación). Han sido espiritualizadas, es decir que pasan a formar parte del patrimonio de la Iglesia (bienes eclesiásticos) quedando bajo su autoridad con derecho al poseedor o capellán a poseer perpetuamente o de por vida los bienes con los que se había dotado, teniendo derecho a percibir sus frutos mediante la obligación de cumplir las cargas fundacionales de verdadera naturaleza espiritual. Contaban con la adscripción de bienes vinculados al cumplimiento de misas u otras obras pías. El destino perpetuo de una masa de bienes y sus rentas, que otorga el fundador, para que se cumplan con esos fondos unas cargas piadosas, normalmente celebración de misas en un altar o capilla, de ahí proviene el nombre de capellanías. Tienen un marcado carácter local, ya que los fundadores y beneficiarios eran de la villa o estaban muy ligados a ella. Sus beneficios, a veces abundantes, servían de manutención al beneficiado, circunstancia que al darse la sucesión por fallecimiento o renuncia de la persona que la ostentaba diese lugar a pleitos por su posesión, como sucedió con la fundada por el presbítero Juan Manuel Valiente de la Cueva. La celebración de los actos religiosos que realizaba el capellán se basaban sobre todo en la creencia de acortar la estancia del alma del fundador en el Purgatorio. Existieron varías capellanías. Describimos la fundada por el presbítero de la Villa D. Juan Manuel Valiente de La Cueva. Comienza el documento con una carta testamento del mencionado presbítero reflejado en papel timbrado y fechado en 1727.

Sello primero quinientos quarenta y quatro maravedíes año de mil setecientos y veinte y siete[58]

Invoca el presbítero a la Santísima Trinidad con una firme creencia en el Misterio, así como la intercesión de María Madre y diversos santos.

"En el nombre de la Santísima Trinidad, Padre, Hijo y Espíritu Santo tres Divinas personas que son y una esencia Divina y en el de la Purísima Virgen María, Madre de nuestro Redentor Jesucristo…"

En las cláusulas del testamento establece el lugar de enterramiento, pidiendo que su cuerpo sea enterrado en la Iglesia Parroquial junto a una capilla, o en la sepultura de sus padres, contigua a la capilla. Sea amortajado con vestiduras sacerdotales y el número de sacerdotes que oficien el entierro, cuatro. Agrega 500 misas rezadas en la parroquia de la villa, otra en el altar

---

58 Archivo Diocesano de Sigüenza. Sección Beneficial. Caja 473/Documento 7.

privilegiado del convento de San Francisco de Molina. El lugar de enterramiento de los padres del fundador nos hace suponer que el fundador pertenece a una familia noble de la villa. En el expediente consta como legado a la Capellanía toda una serie de "bienes raíces", paridera y casa de morada. Se describen los bienes con exactitud, lindes, calidad, cabida, incluso si están cercados, así mismo los requisitos que ha de reunir el capellán.

Nombramiento primer capellán

"Quiero y es mi voluntad que el primer capellán de esta capellanía sea y ha de ser mi sobrino D. Juan Manuel Valiente Rubio a quien he criado, querido y estimado mucho y que le considero obediente y bien inclinado, actualmente está estudiando Teología en la Universidad de Alcalá".

Posibilidad condiciones segundos capellanes

También nombro por segundas llamadas para capellanes de esta Capellanía a los hijos o nietos que fueren de Matheo Valiente, mi padre, y de María Navarro, mi madre, difuntos como también a los de Ana María Valiente, mi tía que fue de Juan Taulero y así mismo a otros qualesquiera parientes que probasen serlos míos así por línea Paterna como Materna, no siendo infames ni descendientes de mezcla de moriscos, judíos ni penitenciados por los Santos Tribunales de la Inquisición, ni cometido crimen[59].

---

59   Condición indispensable en todas las Capellanías el requisito de Limpieza de Sangre.

Capellanía de Ánimas

Data de 1731 como tal Capellanía, aunque en su origen figura como Memoria según aparece mencionada en escritos de 1717. Fundada por Juana Erranz y Francisco Gaspar, su marido. Vecinos de Peralejos, dejando como herederos según testamento a dicha Memoria y como obligación dos misas, una el día de San Juan y otra el de San Francisco con una herencia de "sesenta medias"[60]. La donación de bienes y obligaciones vienen especificadas en el testamento.

"Juana Erranz, viuda de Francisco Gaspar, vecinos de Peralejos y en el remanente que quedare de todos mis bienes muebles y raíces derechos y acciones que me pertenezca, dejo, nombro e instituyo por mis universales herederos a las Benditas Ánimas del Purgatorio de esta villa con la condición y carga de que su mayordomo que al presente es y en adelante fuere tenga obligación de hacer decir cada año perpetuamente en esta Iglesia Parroquial dos misas cantadas una por mi ánima y descarga el día de San Juan de Junio y otra el día de San Francisco a cuatro de Octubre por el ánima de Francisco , mi marido, para lo cual entre los demás bienes dejo a dichas ánimas sesenta medias de heredad en término de esta villa y un pajar…" Ante Juan Díaz y Testigos, Febrero 25 de 1713.

El paso de Memoria a Capellanía y la cesión de bienes inventariados requería una serie de requisitos y aprobaciones, así como la justificación. Dando la aprobación diversas personas civiles y eclesiásticas. Unas clausulas previas reflejan el consentimiento previo por parte de los Alcalde Regidores y Cura de la Villa.

Capellanía fundada por Domingo de Masegosa, familiar del Santo Oficio, y su esposa María Sanz Rojo.

---

60   Media, medida agraria que varía según zonas.

Esta Capellanía tenía la peculiaridad de su fundador, "Familiar del Santo Oficio", lo cual llevaba consigo beneficios sociales y económicos. El documento en el cual hace "dejación" de ella el presbítero Licenciado D. Pedro Hermosilla, que la ostentaba a favor de su sobrino D. Agustín de Salas, nos hace suponer la fecha de su fundación anterior a 1731.

Dejación de Capellanía

"En la villa de Peralejos a quatro de febrero de mil setecientos y treinta y un años, ante mí el Notario y testigos infraescritos, pareció presente el Licenciado D. Pedro Hermosilla cura propio de la Iglesia Parroquial de esta villa y dijo que es patrón y capellán de la Capellanía Colativa que esta referida Iglesia fundaron Domingo de Masegosa familiar del Santo Oficio y María Sanz Rojo… e hizo dejación de dicha Capellanía y como tal patrón que es y a quien pertenece nombrar Capellán para ella nombraron y nombró a D. Agustín de Salas su sobrino, estudiante gramático, hijo y persona en quien concurren legítimo de D. Joseph Antonio de Salas y de Isabel Ana Hermosilla… Y juro por Dios y a una "Cruz inverbo sacerdotis tacto pectore… no ha intervenido ni interviene ni se espera intervenir dolo, fraude, ni labor de simonía, ni otra ilícita acción ni corruptela". Fdo. Licenciado Pedro Hermosilla. Ante mí, Juan Díaz Moreno. (Notario) Yo el dicho Juan Díaz Moreno, notario público y vecino de esta villa de Peralejos presente fui". (Testimonio de verdad)

Capellanía fundada por Juan Esteban Muñoz y su mujer Josepha Rubio.

Se erigió como tal Capellanía en el año 1742, hecho póstumo de su fundador, herido accidentalmente y presagiando su próxima muerte y con presencia de su esposa otorga poder notarial para herencia y dotarla con 30.000 Reales de Vellón. El primer capellán que la posee es Honofre Herránz, sobrino directo del fundador, hijo de su "hermana entera". El documento de fundación establece las condiciones para ser capellán, prevaleciendo la línea directa familiar. Ha de ser de la villa y residir en ella. Prima sobre todo ser hijo legítimo y de limpieza de sangre. Una finalidad de las capellanías además de las expuestas, era la de dotar de un clérigo más en la villa, incluso se hace constar para que los "labradores" que van a horas tempranas oigan la Santa Misa antes de irse a sus faenas agrícolas.

La Inquisición

Tribunal eclesiástico instaurado en España en el año 1478. Fundamentalmente se ocupó del problema de los conversos, judíos, moriscos y diversas prácticas que eran consideradas lesivas a las costumbres e ideas del momento, posteriormente se extendió también su utilización con fines políticos. Estaba presidida por el Inquisidor General apoyado por un Consejo. Existían también tribunales locales en los que tenían especial importancia los "familiares". Éstos no tenían vínculos de sangre con los miembros de la Inquisición, sino que eran un conjunto de cristianos laicos que ayudaban a los tribunales en cuestiones menores y les servían como confidentes y relatores. No todo el mundo servía para estos menesteres, debían de ser "limpios de sangre" (no tener antepasados judíos o musulmanes) a cambio estaban exentos de ciertos impuestos y disfrutaban de privilegios sociales. Esta institución funcionó durante varios siglos, aunque será entre finales del siglo XV y el XVII cuando tendrá una mayor actividad. Su abolición se promulgó en las Cortes de Cádiz en 1812, aunque con la vuelta de Fernando VII se reinstauró con las llamadas Juntas de Fe. En la Regencia de María Cristina fue abolida definitivamente plasmada en el Real Decreto de 15 de Julio de 1834. En Peralejos se instruyeron varios procesos inquisitoriales, probablemente inducidos por "familiares" dado que eran casos muy locales y vecinales.

Procesos

Los casos más frecuentes que se dieron en la villa fueron relativos a "brujería" y el llamado "mal de ojo", que era uno de los aspectos que más preocupaba a los peralejanos y a casi todos los pueblos de la Sierra de Molina. En el año 1540 se instruyó un caso de hechicería a Delfa Martínez, quedando absuelta de tal acusación[61].

Declaración voluntaria (Preventiva)

Caso

Miguel Vaquero

En 1578 un molinero, Miguel Vaquero, declara por voluntad propia y bajo juramento ante el Inquisidor doctor Arganda sobre unas afirmaciones que hizo ante unos testigos referentes a una piedra de molino. Palabras que las personas ante quien las pronunció podían haber sido mal interpretadas y traer malas consecuencias para el declarante. Están pronunciadas en presencia del estudiante Martín Valiente, posteriormente mencionado en otra causa siendo Bachiller. Dichas afirmaciones están relacionadas con una piedra de molino procedente de la finca

---

61   Archivo Diocesano de Cuenca. Inquisición. Legajo 146. Nª 1.777.

de Belvalle y realizadas en la ribera del río Tajo. El molinero realiza la declaración de forma voluntaria ante el Inquisidor doctor Aranda, el cual lo deja libre provisionalmente, dando fe del juramento el Notario Simón Ángel. La declaración se realiza en Cuenca: *"En la ciudad de Cuenca, a diez y nueve días del mes de Febrero de mil quinientos e setenta y ocho años, ante el señor Inquisidor el doctor Arganda, a la aurora de la tarde pareció sin ser llamado a juicio en forma e prometió decir verdad un hombre que se dijo llamar Miguel Vaquero, molinero, vecino del lugar de Peralejos,... y dijo que viene a manifestar por descargo de su consciencia a este Santo Oficio... que estando en la ribera del Tajo en el molino de dicho lugar de Peralejos, habían traido una piedra del molino de Belvalle".*

En la declaración se menciona la presencia del Bachiller Martín Valiente, y el acto de reprender que realizó al declarante, lo que le motivó a realizar la declaración en modo preventivo. Este apellido aparece ligado posteriormente a clérigos, incluso a la fundación de Capellanías. El tribunal lo eximió provisionalmente de culpa. *"Falle mandado que por agora se vaya a su casa"*[62].

Pesquisas

En 1610 se remitió un escrito por parte del licenciado Thomás Martínez, Comisario del Santo Oficio y cura de Villanueva de Alcorón, reclamando información sobre casos que supusieran deterioro de la Fe[63].

---

62   Archivo Diocesano de Cuenca. Inquisición. LEGAJO 788/ Exp. 4031.

63   Archivo Diocesano de Cuenca. Inquisición. LEGAJO 785/ Exp. 3.234.

"Estando en el lugar de Peralejos aldea de la villa de Molina me dieron noticia de dos casos que van con esta. Si fuese necesario hacer alguna diligencia acerca de ellos o de otra cualquiera cosa que por esta comarca en servicio de vuestra Señoría recibiré merced se me remita y envie a su andar que lo haré con puntualidad y cuidado como lo debo al servicio de Vuestra Señoría a quien guarde nuestro Señor muchos años para aumento de su santa fe en testimonio de esta su Señoría".

Noviembre 23/1610.

Licenciado Thomás Martínez.

Brujería

Proceso contra Martín de Jara[64].

Caso fechado el 24 de Octubre de 1610. Martín de Jara, operario de ferrería, es acusado de brujo. Figura como instructor el Comisario del Santo Oficio, Thomás Martínez, cura de Villanueva de Alcorón, y como Notario Apostólico Miguel Alonso, con la característica de "familiar del Santo Oficio" y vecino de la villa de Peñalén. El licenciado Damián Sánchez Rego, vecino presbítero y natural de Peñalén, hace los cargos contra Martín de Jara en presencia del Bachiller Martín Valiente. El oficial de la herrería Arosa Pieres comenta la premura que tiene en despedir a un fundidor, Martín de Jara, bajo sospecha de "brujería". El Bachiller insta a hacerlo cuanto antes, ya que el comisario del Santo Oficio estaba en este lugar de Peralejos y en caso contrario podría caer en Ex Comunión Mayor. Asímismo, el mencionado bachiller hace alusión a unas palabras de Juanes

---

64 Archivo Diocesano de Cuenca. Inquisición. Legajo 785/Expediente 3232.

de Ripea, vecino de este lugar, sobre la existencia de personas del mismo sitio castigadas severamente por el Santo Oficio con prisión rigurosa por este delito y pecado. Hace especial hincapié en la ausencia de odio y rencor en sus declaraciones, realizadas únicamente para remediar estos males. Están presentes en la declaración, además de los nombrados anteriormente, Pablo... administrador de dicha herrería y un fraile de la Orden de San Francisco del Monasterio de Molina con la "cualidad de predicador", Fray Pedro Vázquez.

"En el lugar de Peralejos, aldea de la villa de Molina, en veinticuatro días de Octubre de mil y seiscientos diez años, el Sr. Licenciado Thomás Martínez, comisario del Santo Oficio y cura de Villanueva de Alcorón, y por ante mí Miguel Alonso, Notario Apostólico, familiar del Santo Oficio y vecino de la villa de Peñalén... en presencia del Bachiller Martín Valiente, el oficial de dicha herrería Arosa Pieres dijo en presencia de este y del dicho Bachiller Valiente... tengo de despedir a un fundidor oficial de dicha herrería y criado que tengo en mi casa que se llama Martín de Jara porque es brujo... que estaba también obligado a dar noticia de ello a quien le pudiese remediar... y saliente de esto ayer sábado 23 de este mes de Octubre el dicho Bachiller Valiente dijo a este declarante comunicando este caso juntos... muchas personas presas por el Santo Oficio y las castigan con rigor por este delito y pecado... así lo declaro y firmo. Ldo. Thomás Martínez, Damian Sánchez, Presbítero. Miguel Alonso. Notario".

Caso de Pascuala Pérez, viuda de Pascual Domingo Simón, vecinos de Peralejos aldea de Molina[65]. En Octubre de 1610 se inicia un expediente contra Pascuala Pérez por unas declaraciones sobre recolección de trigo y las pocas prácticas sacra-

---

65 Archivo Diocesano de Cuenca. Inquisición. Legajo 447/Expediente 6.248.

mentales que realiza. Incluso se desprende de la declaración de un testigo la existencia de un registro de confesión en cual no aparece la mencionada Pascuala. Como inquisidor figura el licenciado Tomás Martínez, comisario del Santo Oficio y cura de Villanueva de Alcorón. Notario Apostólico Miguel Alonso, familiar del Santo Oficio y vecino de la villa de Peñalén, y Esteban Martín, vecino de Peralejos. Este declarante se hace eco de las afirmaciones que Antón Masegosa le traslada de Pascuala Pérez.

El atrevimiento de las palabras de dicha mujer en relación sobre la cosecha de trigo. La afirmación posterior sobre el encarcelamiento por el Santo Oficio que supuso para su abuelo un simple juramento en presencia de un ermitaño. En la declaración, Esteban Marín indica a Pascuala que se fuese a confesar con los Señores Inquisidores. El mismo testigo afirma la poca asistencia de Pascuala a fiestas y domingos a Misa, así como no haber comulgado. Acaba la declaración afirmando que no la hace ni por rencor o enemistad con la susodicha Pascuala, sino por descargo de su "consciencia", añadiendo lo reservado de dichas afirmaciones. Inquisidor. Licenciado Tomás Martínez. Esteban Martín. Notario Miguel Alonso.

"Pascuala Pérez, viuda de Pascual Domingo Simon, vecinos de Peralejos, aldea de Molina. En el lugar de Peralejos, aldea de la villa de Molina, a veinte y quatro días del mes de Octubre de mil y seiscientos y diez años, ante el señor licenciado Tomás Martínez, comisario del Santo Oficio y vecino de la Villa de Peñalen, Esteban Martin vecino de dicho lugar y cura de Villanueva de Alcoron, en presencia de mi, Miguel Angel, notario apostólico, familiar del Santo Oficio y vecino de la Villa de Peñalen, Esteban Martin vecino de dicho lugar e fizo relación diciendo que Anton de Masegosa vecino de este dicho lugar... Para que si merecen las dichas cosas

ser remediadas por sus señorias lo remedien como mas convenga al servicio de nuestro señor y ansi lo digo y declaro y firmo."

Caso Andrés Ramiro. 1609. Palabras contra la fe. Expediente incompleto

Proceso contra Juan de Villabona. Deslealtad a su amo[66]. En 1635 se instruyó en Cuenca proceso contra Juan de Villabona por deslealtad a su amo, D. Alonso Muñoz, regidor de dicha ciudad, contador de la fe y familiar de la Santa Inquisición. D. Alonso Muñoz contrata mediante el padre de Juan de Villabona, del mismo nombre y natural de Peralejos. Dicho contrato establece que Juan de Villabona entre al servicio de D. Alonso Muñoz. El contrato fija el periodo y la cantidad a percibir.

"A Juan de Villabona lo concertó Juan de Villabona su padre vecino de Peralejos en Cuenca a dos de octubre de mil seiscientos veinte y nueve conmigo D. Alonso Muñoz para me servir de acompañarme y lo demás que le mandare tiempo de un año que se cuenta desde hoy a dos de octubre de dicho año hasta dicho dia de mil seicientos treinta por lo cual le doy de soldada veinte y cuatro ducados y de comer sin otra cosa alguna…"

Libro viejo a,124. En escrito posterior se expresa la prisión de Juan de Villabona por orden de D. Alonso Muñoz "por abandono y desaparición de dos reses bovinas". En la exposición de motivos se hace referencia a las fechas de contratación, "San Miguel" y al Fuero de Cuenca para su cumplimiento. Juan de Villabona hace unas apelaciones revisando las clausulas del contrato de sus servicios a las que D. Alonso Muñoz responde con la obligación por parte del padre con el pago por los daños causados.

---

66   Archivo Diocesano de Cuenca. Inquisición. Legajo 447/ Expediente 6.248.

Otro si pues como del contrato parece Juan de Villabona es su padre está obligado al buen servicio de dicho su hijo a Vd. Suplico mande dar contra el susodicho para que sus bienes se haga pagado..."

Proceso contra Antonio Gutiérrez, Cura Párroco[67] .

En 1764 se inició proceso contra el Párroco de la villa por proposiciones algo sospechosas, según se desprende del expediente. Dicho proceso quedó en suspenso.

Proceso contra el capellán de la Parroquia contra Alberto (Lamberto). Se inició en 1766, por "solicitación" estando incompleto dicho proceso y expediente. Estos dos clérigos desarrollaban su labor conjuntamente en Peralejos como Párroco y Capellán.

---

67   Archivo Diocesano de Cuenca. Inquisición. Legajo 742. Expediente 1.559.

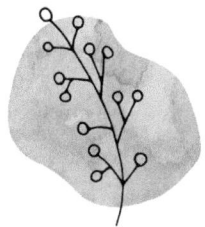

Minería

La riqueza minera del territorio de Molina ha sido conocida desde tiempos remotos. Se tienen indicios de haber sido explotada antes de Medievo, especialmente en las materias primas básicas, hierro y carbón. Ahora, no ha tenido toda la importancia que hubiera sido necesario debido al problema orográfico unido a una infraestructura en vías de comunicación, que aún perdura y se hace más palpable en Peralejos, ya que hasta hace relativamente pocos años, la única vía de comunicación con el trazado clásico de alta montaña, era la carretera comarcal, finalizando en el puente Martinete. La construcción de esta vía se remonta a los tiempos de la Dictadura de Primo de Rivera en un primer tramo, y en los años 50 se llevo a cabo el segundo tramo hasta el puente Martinete. Posteriormente se cumplió una de las mayores aspiraciones, abrir la vía de comunicación, enlazando con la carretera que conduce a Orihuela y Beteta.

Era difícil extraer el mineral y transportarlo por unos caminos prácticamente para ganado y con unos desniveles pronunciados. Hay que agregar la falta de arraigo de algunos propietarios que inscribían las minas. Fácilmente cesaban en su explotación, a veces ni la iniciaban. Se da la circunstancia que una misma persona registraba minas en varios municipios, incluso de distintos minerales. La calidad de los materiales extraídos era excelente, tal como lo resalta V. Kindelan en su obra "Criaderos de Guadalajara y Teruel"[68].

La mayoría de las explotaciones de las que tenemos noticias se refieren al "carbón piedra", entendiendo que la estructura minera no era el sentido que podemos tener en la actualidad, galerías... sino a veces simplemente eran una "cala" o un simple hoyo más o menos profundo. En boletines de la provincia a medida que avanzamos en el tiempo aparecen requerimientos sobre inspecciones y trabajos a realizar.

En Valladolid, en 1605, con fecha 15 de Diciembre, se da licencia por periodo de un mes para "beneficiar una mina de hierro que habían descubierto en el lugar de Los Horcajuelos, donde se juntan los arroyos de Pozo Zarzoso y Pozo Forcana"[69].

El Boletín Oficial de la Provincia, a lo largo del siglo XIX, registra una serie de concesiones,acciones mineras, límites, revocaciones, pagos a realizar... en el municipio de Peralejos.Todas ellas de Carbón Piedra.

ACTIVIDAD MINERA EN EL SIGLO XIX[70]

Fecha	Titular	Denominación	Paraje	Actividad
17/03/1843	Fdo, Mª de la Muela	Consuelo	El Ojuelo	Registro
29/06/1853	Antonio Caja	San Isidro		Registro
29/06/1853	Genaro Rubio	San Antonio Abad		Trabajos

68 Kindelan, V.: *"Criaderos de Guadalajara y Teruel".* Memorias del Instituto Geológico de España. 1918.

69 González, Tomás: *Registro y relación general de minas de la Corona de Castilla.* Madrid 1832.

70 Boletín Oficial de la Provincia de Guadalajara.

29/06/1853	Pedro Moranchel	San Antonio		Trabajos
02/07/1862	Benito Gaspar	Virgen de Ribagorda		Arroyo Vir.
17/10/1866	Apolinar Barbero	San Antonio		Caducidad mina
31/07/1868	Apolinar Barbero	San Antonio		Trabajos
15/03/1878	Manuel Morencos	N.Sª del Carmen	Hy. Carraca	Registro
26/06/1878	Manuel Morencos	N.Sª del Carmen	Hy.Carraca	Demarcación
25/11/1878	Manuel Morencos	N.Sª del Carmen	Hy.Carraca	Renuncia
04/03/1898	Nicomedes Herrero	Mª del Pilar	Saceda	Registro
31/10/1898	Nicomedes Herrero	Mª del Pilar	C.San Cristobal	Demarcación
06/03/1899	Nicomedes Herrero	Mª del Pilar	C.San Cristobal	Reconocimt.
05/07/1899	Nicomedes Herrero	Mª del Pilar	Saceda	Requerimiento
28/07/1899	Nicomedes Herrero	Mª del Pilar	Saceda	Fenecimiento

En 1843, viene registrada una mina de "carbón piedra" en el sitio del Ojuelo, con el nombre de Consuelo a nombre de Fernando María de la Muela. En el mismo edicto se inscriben otra dos a nombre del mismo propietario, una de plata en el término de Pinilla y otra de hierro en Tierzo.

El 29 de Junio de 1853, el Boletín Oficial de la Provincia refleja los trabajos de delimitación por parte del Ingeniero de Minas provincial de las minas ubicadas en el termino peraleja-no detallando la denominación y propiedad.

Denominación	Propietario
San Isidoro	D. Antonio Caja
San Antonio	Pedro Morán
Nuestra Señora de Ribagorda	D.Cesario Rubio
Nuestra Señora de la Salceda	Antonio Rubio
San Antonio Abad	D.Genaro Rubio

El boletín de la provincia del 15 de Marzo de 1878, publica un edicto firmado por el Gobernador Civil, en el cual se detalla la solicitud cursada por D. Manuel Morencos, vecino de Peralejos para una mina de "carbón piedra", denominada Nuestra Señora del Carmen, estableciéndose los límites de dicha explotación: "se tendrá por punto de partida una calicata practicada en dicho sitio y desde él se medirán en dirección Norte 400 metros; al Saliente otros 400 metros y al Oeste 200 cerrando así el espacio que pretende. Dicha solicitud y demarcación pertenece al paraje denominado Hoya de la Carraca.

En noviembre del mismo año, el Boletín del día 25 publica la admisión de la renuncia efectuada por D.Manuel Morencos a la mina Nuestra Señora del Carmen, declarando el edicto el terreno "franco y registrable". El breve periodo de tiempo transcurrido entre el registro y la renuncia, nos da idea de lo efímero de su explotación, si es que llegó a producirse.

En el año 1898 se publican en sucesivas fechas la inscripción de pertenencias y

demarcación de una mina de carbón piedra por parte de Nicomedes Herrero Martín. (B.O.P. 04/03) y 31/10 respectivamente.

Seccion de Fomento-Minas

Don Miguel Mathet y Coloma, Gobernador Civil de esta provincia. Hago sabe: Que por D. Nicomedes Herrero Martín, vecino de Madrid, se presentó en este Gobierno una solicitud en 1º de Marzo de 1898, designando doce pertenencias de la mina de carbón piedra

denominada "María del Pilar", sita en el paraje llamado Cerro de San Cristóbal, en la dehesa de Saceda, término municipal de Peralejos de las Truchas; que linda, por Norte, Sur y Oeste con la referida Dehesa, y por Este con labores de Badillos. Verifica la designación en la siguiente forma: Se tendrá como punto de partida una calicata practicada en dicho Cerro e inmediata a unas piedras blancas que existen en el citado paraje y desde él se medirán en dirección Norte 200 metros y se fijará la

1ª estaca: de 1ª a 2ª al Oeste, 200 metros: de 2ª a 3ª al Sur 300 metros; 3ª a 4ª al Este , 400 metros; de 4ª a 5ª al Norte 300 metros, y de 5ª a la 1ª al Oeste 200 metros, quedando así cerrado el perímetro de las doce pertenencias que se solicitan"

Así describe el boletín la demarcación minera establecida en Saceda. En el año 1899 se publican diversos edictos en el Boletín Oficial de la Provincia relativos a dicha mina, operaciones a realizar, mediciones y un requerimiento el 05/07 para que haga efectivo el concesionario de la mina el pago en papel sellado del título y pertenencias.

Al no realizar dicho pago, el boletín del 28/07 del mismo año revoca el registro de la mina de Nicomedes Herrero Martín.

La última prospección minera que se realizó fue en el siglo XX, motivada por la instalación de la fábrica de vidrio en Azuqueca de Henares y la existencia de caolín en el término municipal de Peralejos y municipios limítrofes. Se realizaron varias prospecciones en los parajes de Las Barranquillas, Colmenas Viejas, los Blancos y Hoyo Redondo. Finalmente, la mina se estableció en el término de Peñalén en un principio, trasladándose posteriormente a Poveda de la Sierra.

Ferrerías

Restos arqueológicos atestiguan la fabricación de hierro con carácter local en tiempos medievales, incluso con anterioridad. La procedencia del metal estaba localizada cerca de la ferrería, al igual que el combustible ya que son factores indisolubles entre sí.

Los yacimientos de Sierra Menera son el núcleo de vital importancia para la producción de hierro, distribuyéndose a ambos lados las ferrerías, correspondiendo en nuestro caso las establecidas en los cauces de los ríos Tajo, Hoz Seca, Cabrillas y Gallo, los tres últimos afluentes del Tajo con gran desnivel y erosión en su cauce. La producción de hierro nunca fue a gran escala, siendo la principal causa de su escasa producción la orografía del terreno, en su mayor parte montañosa y con escasas y complicadas vías de comunicación, factores que dificultaban su comercialización.

A mediados del siglo XV llegaron a la zona del Alto Tajo grupos de emigrantes vascuences especializados en la fundición del mineral de hierro. Se trataba de artesanos que conocían los mecanismos para aprovechar la energía hidráulica en las tareas de reducción y forjado de los metales, así como los secretos para la construcción de las nuevas ferrerías que se estaban extendiendo por el norte de la Península. Este nuevo procedimiento venía a sustituir a la tradicional elaboración siderúrgica vigente desde la época romana, basada en pequeños hornos de reducción construido en las faldas de las montañas. Se trataba de un auténtico cambio tecnológico consiguiendo producir más metal a precios más asequibles, abriendo una nueva etapa en el desarrollo de la siderurgia.

Las ferrerías de la parte sudeste estaban situadas próximas a los cauces de los ríos mencionados, siendo el Hoz Seca el más utilizado para su instalación. A finales del siglo XV y comienzos del XVI se conocen siete ferrerías en funcionamiento instaladas directamente sobre el río Hoceseca pertenecientes a los términos del Señorío de Molina: Megina, Checa, Chequilla y Peralejos, emplazadas en plena sierra plagada de pinares que proporcionan el combustible necesario para transformar el metal. La fuente utilizada para conocer las ferrerías instaladas en el Río Hoceseca es un pleito acaecido en el siglo XVI.

En 1519, Carlos I concedió al comendador Diego de Zárate el derecho de Albalá y Diezmo Viejo que habían de pagar las ferrerías de Molina situadas en el río Hoceseca. Este tributo equivale a tres maravedíes por cada quintal de hierro que produce la ferrería[71].

Consejo de Castilla
Procesos pleitos y expedientes
Diego de Zárate, criado de Francisco de los Cobos
Con
Los dueños de siete herrerías
En el río Oceseca que pasa cerca de Molina
Sobre
Pagarle el derecho de Alvala e

---

71   Consejo Real de Castilla. Legajo 57. Folio 6.

Diezmo viejo de todo hierro
Acero que se labrase en dichas
Herrerías
Está inserta la merced fechada en
Molina del Rey 20 de Noviembre
De 1519 inserta en otra declarando
Que dichos derechos eran 3 maravedies
en quintal fechada en Valladolid 21 de Marzo de 1523

Estos derechos de Albalá y Diezmo Viejo no se habían pagado con anterioridad en tierras molinesas y su implantación se debe a equiparar la minería del territorio con las de las provincias de Vizcaya y Guipúzcoa. Afectaban a dueños, señores, arrendadores, herreros, mazaqueros, azozas, hondidores y carboneros. La razón por la cual tales impuestos no se habían exigido nunca para el metal molinés es que en el Señorío no podía cargarse directamente sobre barcos para su distribución al no existir un puerto cercano. A cambio sí se pagaban en Molina otros impuestos, los llamados derechos de "Alcabala" y "Aduana" que no se cotizaban en Vizcaya y Guipúzcoa. Por esta razón tuvo lugar el pleito al negarse, al menos en un primer momento, los propietarios de las ferrerías molinesas a pagar el derecho de "Albalá" y " Diezmo Viejo".

La primera fábrica de la que tenemos constancia en la cordillera Ibérica fue construida en Checa hacia el año 1453. Posteriormente se construyeron entre los siglos XV al XIX, aproximadamente 48 ferrerías. Este núcleo siderúrgico se puede considerar como el más importante de los que funcionaron en el interior peninsular. A finales del XVIII la actividad siderúrgica de la Cordillera Ibérica entró en crisis. Problemas de abastecimiento de combustible unido a la escasez y dificultad de las vías de comunicación fueron decisivos. Las ferrerías de esta zona fueron cesando en su actividad hasta desaparecer. La última en clausurar sus instalaciones fue la ferrería del Hoz Seca en Peralejos en el año 1884. Su cierre marcaba el final de un proceso tecnológico y la desaparición de un "saber hacer" local.

En el siglo XIX, son varias las menciones sobre la existencia de las ferrerías en el término peralejano en obras y tratados geográficos y mineros. Sebatián Miñano Bedoya en su *Diccionario Geográfico estadístico de España* (1826-1829), en la descripción de Peralejos menciona la existencia de dos fábricas de hierro.

El *Diccionario Geográfico Estadístico Histórico de España* (1845-1850) en su descripción histórica vuelve a mencionar la existencia de dos ferrerías.

Francisco Javier Cabanes, en 1829, en su obra "*Memoria que tiene por objeto manifestar posibilidad de hacer navegable el Río Tajo desde Aranjuez hasta el Atlántic*o" en su descripción nos habla de la ferrería del Martinete, mencionando como propietario al Marqués de Ariza y el estado ruinoso de su construcción.

Los datos de la estadística minera de 1882 de V.Kindelán reflejan el funcionamiento de la "Herrería del Hoz Seca", con las del "Tesón" de Cobeta y la de Corduente, y excelente calidad de los productos beneficiando entre las tres 520 toneladas de mena de Setiles, obteniendo 138 de hierro forjado. Distínguese entre estos establecimientos el de Peralejos, no solo por la extension de sus edificios y por el sistema empleado, sino por la bondad de los productos que obtiene. Agrega que aun a pesar de la carestía de los arrastres y dificultad del terreno para transportar el producto, se transporta a la localidad de Sigüenza en la línea férrea Madrid–Zaragoza, llevando gran parte a Madrid.

Ligada a las ferrerías hasta tiempos relativamente recientes ha estado presente la actividad de las "fraguas" en Peralejos, localizadas en el núcleo urbano, existiendo aún el local donde se realizaban los trabajos, fundamentalmente herraduras, aperos de labranza y rejas, conservándose muestras de éstos, en varias casas. El oficio de "herrero" estuvo presente muchos años.

Las ferrerías de Peralejos se situaban dos en las proximidades del cauce del Río Tajo, la Ferrería Vieja situada en el paraje del Rinconquillo y la del Martinete, que aún conserva parte de su estructura bastante deteriorada y la de los Franco en el Hoz Seca.

Con el nombre de "Ferrería Vieja" se denominaba una fábrica localizada junto al Río Tajo. Aparece citada en 1512 poco después de su construcción como propiedad la mitad de la fábrica de Pedro Garcés de Marcilla y Teresa Salinas. En 1519 se cita el nombre de otro copropietario, correspondiendo a partes iguales a Francisco de Andrada y a Doña Teresa Salinas, vecina de Molina, viuda de Pedro Garcés de Marcilla, que fue regidor de Molina y propietario de la herrería de Checa. Doña Teresa pertenecía a la familia de los Salinas. Esta instalación puede ser la misma que a mediados del siglo XVIII estaba en manos del Marqués de Ariza. En el año 1755 estaba abandonada[72]. La parte de esta ferrería que corresponde a Teresa Salinas, viuda de Pedro Garcés de Marcilla fue arrendada en 55 quintales anuales de hierro a Pascual Martínez vecino de Molina. No consta que el otro propietario, Francisco de Andrada, arrendara su parte[73]. La movilidad de arrendamientos y explotación de las ferrerías viene documentada por el pleito de Miguel de Olavarría, veci-

---

72   Cortés Ruiz, Elena. Las ferrerías del Señorío de Molina. Fines Siglo XX.

73   Cortés Ruiz, Elena. Las feererías del Señorío de Molina. Fines Siglo XX.

no de Azpeitia (Guipúzcoa) con Lope de Arría, vecino de Checa (Guadalajara) sobre el desahucio de la mitad de la ferrería de Peralejos, arrendada a Miguel de Olavarría (26/9/1517)[74].

Entre la localidad de Peralejos y el puente Martinete encontramos abundantes escoriales de fundición muy difuminados por las márgenes del río Tajo, muchos de ellos arrastrados por la corriente. No se han podido identificar restos de las antiguas instalaciones siderúrgicas por lo que cabe la posibilidad que la ferrería del Martinete pudo estar emplazada sobre los restos de esta antigua ferrería[75].

El Martinete era otra pequeña ferrería de Peralejos incrustada en los estrechos del Tajo, en la rambla del Rinconquillo junto al puente llamado del mismo nombre. Fue construida por José Valera a mediados del siglo XVIII, vendiendo la mitad al Común de Molina en 1762[76]. En 1763, la Comunidad decidió permutar su parte recién adquirida por el martinete que Juan Franco tenía en Checa.

LEGAJO 4º Num. 22

Permuta de el medio Martinete de Peralejos, por el entero de Checa Otorgada entre el Común de esta tierra

y Dn Juan Franco Perez de Lifria Vecino y Regidor perpetuo de esta villa, en 13 de Octubre de 1763 por entre Josef Alfonso Cortes escribano que fue de su numero.

En el siglo XIX fue reconstruida en fábrica de laminar cobre, posteriormente en 1862 aparece como abandonada y en completa ruina.

---

74   AChV. Registro de ejecutorías, caja 321, doc 59.

75   Kindelan.V. Criaderos de hierro en Guadalajara y Teruel.

76   Archivo Común del Real Señorío de Molina.

Ferrería del Hoz Seca (Oceseca)

La propiedad práctica de esta ferrería corresponde a Antón Garcés de Marcilla, familia de Pedro Garcés de Marcilla, propietario de la ferrería de Checa. La titularidad de la ferrería pertenecía a su primera esposa Teresa Espinosa, fallecida, y siendo herederos de la misma los hijos habidos en ese matrimonio (10). Hasta 1519 cabe suponer que los herederos fueran menores de edad, razón por la que se ocupó Antón Garcés de Marcilla de la administración. En 1519, Antón se la traspasó ya a aquellos. Hay una mención a otro propietario, llamado Alonso de la Torre, pero quien aparece como propietario absoluto en nombre de sus hijos es Antón Garcés de Marcilla. Obtenía la energía hidraúlica de dos copiosas fuentes, su construcción se remonta a 1513 sobre una antigua sierra hidraúlica de madera, propiedad de Pedro de la Coba[77]. Fue considerada como una de las más productivas de la cordillera Ibérica.

El Catastro de Ensenada, en su cuestionario en 1752, en la pregunta número 17 sobre la existencia de industrias en el término, la respuesta exhaustiva hace referencia a la "fabricación" de una ferrería en el término, concretamente en las márgenes del río "Oceseca", siendo el propietario D.Juan Franco, "estando concluida" para el día de Año Nuevo de 1753, con una producción de un año con otro de ocho mil doscientas cincuenta arrobas a once reales cada arroba importan noventa mil setecientos y cincuenta reales de vellón. Establece la proporción necesaria para la obtención de hierro. "Cada arroba de ferro necesita cuatro de mena y una carga de carbón". Fija el número de operarios, así como la cantidad que el concejo habrá de satisfacer para los gastos que suponen la asistencia de un capellán para oficiar Misa para los operarios los domingos y días festivos.

---

77   Rehalda. Página 94.

Arrendamiento de las ferrerías

La propiedad de las ferrerías no implicaba necesariamente su explotación directa, y las situadas en Peralejos no son una excepción a esta norma. Contribuye la no vecindad de los propietarios en el término en que están emplazadas, la minoría de edad de los propietarios o la excesiva partición de la propiedad de las mismas. En Castilla se da con bastante frecuencia el caso de una explotación llevada a cabo por arrendadores de origen vasco, dándose la circunstancia de conflictos de operarios de estas ferrerías con la vecindad. Hasta tal punto que se promulgó un edicto que prohibía el acercamiento de éstos a las villas de la zona y la restauración de los daños causados por ellos[78].

"Ydes o Juana, rein a Vos el Corregidor de Molina a los alcaldes y oidores del dicho Oficio y a cada uno de Vos Salud y Gracia, sepades que el Bachiller Hernando Ximenez en nombre y como procurador del Comun de la tierra de dicha villa me fizo relación por su peticion que en mi consejo fue presentada que en termino de dicha villa donde dicen "Resierra" hay un valle donde estan edificadas 5 ferrerias en que hacen hierro las cuales están pobladas de vizcainos y de otras personas extranjeras en las cuales Hay mas de doscientos hombres… los dichos vizcainos y personas extranjeras se atreven a hacer muchos destrozos en los lugares de dicha tierra"… y pedia por merced mandase que los dueños y arrendadores de dichas ferrerias no tuviesen en ellas a ningun vizcaíno ni otras personas extranjeras, sin que tomase de ellas seguridad y firmeza sobre lo susodicho, y que por sí o por sus bienes se obligasen a pagar cualquier daño que los dichos vizcainos y personas extranjeras hicieren y cometieren contra los vecinos de la dicha tierra… carta en la ciudad de Burgos a veintinueve dias del mes de Febrero año de mil quinientos y ocho años conde alférez"

Hernando Ximenez

---

78   R.G.S. VIII. Valladolid.

Ferrería de Peralejos

La parte que corresponde a Teresa Salinas, viuda de Pedro Garcés de Marcilla fue arrendada en 55 quintales anuales de hierro a Pascual Martínez, también vecino de Molina. No consta que el otro propietario Francisco de Andrada arrendara su parte[79].

Ferrería del Hoz Seca (Hoceseca)

Es la única de las ubicadas en este río que no fue arrendada. La trabajó personalmente Antón Garcés de Marcilla en nombre de sus hijos que eran los propietarios de la misma. Lo hizo hasta la mayoría de edad de éstos que pasaron a ser propietarios de la misma.

Producción de las ferrerías del Hoz Seca. (Hoceseca)

Los datos que se conservan corresponden a un periodo de tiempo muy breve, tres años, nos permiten establecer un cómputo aproximado de hierro labrado en condiciones normales. Se da la circunstancia que las cantidades de hierro extraído y trabajado no corresponden con las declaradas por los propietarios, resultan muy equivalentes en todas las ferrerías, es posible que esta desigualdad de datos viniese motivada por cuestiones fiscales. De acuerdo con el pago del derecho de albalá y diezmo Viejo las dos de Peralejos habían de pagar cada una 18.000 maravedíes, lo que equivale a una producción de 6.000 quintales de hierro por ferrería en un plazo de tres años, esto es una producción media por año de 2.000 quintales.

El arrendamiento de su parte de la ferrería de Peralejos por Teresa Salinas le supone una renta anual de 55 Quintales

---

79   Elena Cortés. *Op. Cit.*

y ha de pagar 495 maravedíes, luego la producción fue de 165 Quintales en un periodo de tres años.

Se puede sacar la conclusion de el absentismo por parte de los propietarios, salvo casos excepcionales, alternando y compartiendo el arrendamiento de varias ferrerías a la vez por parte de un mismo arrendatario.

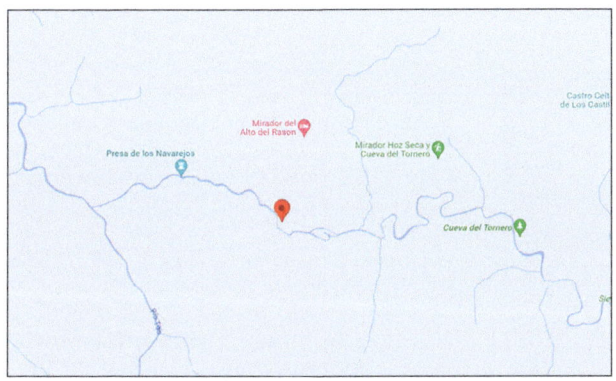

Localización cartográfica de la Herrería de los Franco.
En Hoceseca.

Vista aérea de la Herrería de los Franco. En Hoceseca.

Localización ferrerías Siglo XVII. (Incluida la de Los Franco)

Restos Herrería del Martinete.

Guerra de la Independencia

La implicación de Peralejos en la Guerra de la Independencia tuvo varias facetas. Defendiendo el Tajo mediante la táctica de guerrillas. Aportando voluntarios para el Batallón que se formó en la Primera Junta de Defensa. Representación en la citada Junta y la actividad que surgió a través de la Fábrica de Armas de Molina. El Tajo, en todos los conflictos, ha supuesto una barrera infranqueable, por lo abrupto del terreno y por el desconocimiento del mismo para las fuerzas que pretendían avanzar a través de su curso. Las tropas francesas no lo franqueaban por las causas expuestas y la defensa de los guerrilleros españoles. Supuso un freno a su avance por ese frente. Igualmente sirvió de refugio en sus rochas en más de una ocasión al General Villacampa, Zayas y El Empecinado. Molina y todo el Señorío tuvieron un papel fundamental con la formación de su Junta de Defensa y la declaración hostil al invasor napoleónico. No en vano fue arrasada varias veces, incendiada y expoliada.

Junta de Defensa

Fue primordial su papel, en la defensa, organización de tropa, financiación, aprovisionamiento e incluso en modificar el sistema de elección de representantes, efectuándose de una manera directa por los cabeza de familia. Se formó la primera Junta de Defensa en Molina de Aragón en la Capilla de los Terciarios Franciscanos en la Iglesia de San Francisco el 22 de Junio de 1808[80], aunque fue de carácter provisional. Esta es la transcripción parcial de su Acta Fundacional: *"En la villa de Molina, capilla de Orden Tercera a 22 de Junio de 1808, juntos y congregados el Ayuntamiento y común de hombres buenos de la misma y su Real Señorío a saber: El Sr. D. Juan Agustín Vallarino, Corregido, D. Joaquín Montesoro y Moreno, D. Benito Ramos, diputados del Común. D.Blas Fernández de Hermosilla, Procurador Síndico General, Curas, párrocos, clérigos… . D. Francisco López Pelegrín, Procurador General del Señorío, D. Francisco Javier Morencos* (apellido ligado a Peralejos) *diputado por la Sexma del Campo, D. Lorenzo Muñoz Sanz, comisionado por la villa de Peralejos"*. En esta reunión la Junta se declara *"fiel defensora de Fernando VII y su confrontación pública y solemne a Napoleón"*. La representación de los pueblos fue realizada por sufragio universal de los cabeza de familia. Establece textualmente la formas de elegirlos *"por sufragio y votación, nombre cada municipio uno o dos diputados o representantes que vengan a constituir la Asamblea del Señorío y en ella delega sus poderes"*. Fueron llamados al servicio de la armas todos los hombres útiles, sin distinción de edad ni categoría y recogiendo toda clase de armamento. La edad referida al llamamiento y movilización se especifica: "alistamiento y armamento de los habitantes útiles desde la edad de diez y seis hasta la de cuarenta sin excepción de personas ni de clero secular y regular".

Contestó el Señorío con gran rapidez, formándose el Primer Batallón de Voluntarios de Molina. Es posible que se for-

---

80 Arenas López, Anselmo: *Historia del Levantamiento de Molina y su Señorío en Mayo de 1808*, Guadalajara, reedición, 2008.

mase una Compañía de Voluntarios denominada "Nuestra Señora de Ribagorda" con efectivos ligados a la villa de Peralejos[81]. La respuesta humana fue numerosa pero con escasez de medios económicos, circunstancia que dio lugar a que se realizasen acciones por parte de la Junta que subsanaran en parte en lo posible esta carencia. El movimiento patriótico humano hizo que estudiantes del Señorío que se hallaban cursando facultades en Valencia se presentasen a filas como voluntarios. En el expediente de los servicios militares prestados por la Universidad de Valencia aparecen los nombres de alumnos del Señorío que habían tomado las armas como voluntarios. En dicho expediente en un primer momento aparece D. Juan Navarro Sanz, de Peralejos, alumno de Segundo de Teología y soldado Voluntario de Infantería Ligera del Campo Segorbino. En relación posterior 17 de Enero de 1810, remitido a la Universidad de Valencia por el Sargento Mayor D. Manuel Santos de las Reyes a petición del Rector, aparece D. Juan Navarro y Sanz como muerto o prisionero. La Junta de Defensa del Señorío dio tal importancia a esta franja del territorio ante el peligro que suponía el acecho de las tropas francesas en la ciudad y territorio de Cuenca que en su primera Providencia dotó con 3.000 hombres de refuerzo a los defensores locales que había apoyados por escasos soldados. D. Francisco López Pelegrín, diputado por Molina, expresaba en el escrito que llevaba para presentar a las Cortes de Cádiz: "*En el mes de Mayo de 1808, cuando las violencias y agresiones de Napoleón nos dejaron en la orfandad y en el peligro de perder la independencia nacional, el Señorío, como los demás reinos, se promovieron contra la iniquidad de aquel tirano y en su primeros pasos formó una Junta de Gobierno que acordó los alistamientos*

---

81   Sanz y Díaz, José: *El Santuario de Nuestra Sra de Ribagorda*. Lérida, 1948.

de las personas útiles, reunió armas y colocó sobre las márgenes del Tajo 3.000 hombres para oponerse a las marchas de las divisiones enemigas"[82].

En el suplicatorio de la Junta a las Cortes en 1812 para que no le quitara a Molina la categoría de provincia se consigna *"que la instalación de la Junta tuvo lugar en Mayo de 1808"*, aunque se constituyó en Junio. Posteriormente ante la escasez de medios económicos y el retroceso de los franceses de la ciudad de Cuenca deciden reducir el número de hombres que subsisten en la línea defensiva de la Serranía a 400 y que este servicio se haga precisamente por los solteros sin distinción de clases, por sorteo en el que deberán incluirse todos los naturales de cada pueblo[83].

Fábrica de Armas

Una de las mayores preocupaciones de la Junta era la falta de armamento y la dificultad económica para su adquisición. Ante estas circunstancias optaron por su fabricación, esencialmente fusiles, sables y munición, estableciendo en Molina, en un principio el lugar donde hacerlo. Fue a finales de 1808, y en Agosto de 1809 según consta en un informe gubernamental se construían 8 fusiles diarios y habían fabricado ya más de 3.000. En la segunda mitad del año1808 se hallaba instalada la fábrica en lo que se denominaba La Armería, en el espacio que hay de la huerta que baja de San Francisco al Puente del Baño[84]. El Acta de 14 de Octubre de 1809 refleja: *"que por la proximidad del enemigo no se pueden fabricar armas ni desmembrar ningún*

82 Arenas López, A.: *Op. Cit.*

83 Arenas López, A.: *Op. Cit.*

84 Arenas López, A.: *Op. Cit.*

armero". La Junta previendo el asalto a Molina por los franceses, retiró fuelles, tornos, herramientas trasladándolos a Peralejos. Acción no exenta de incidentes con un vecino hidalgo de la villa de Terzaga, teniendo que intervenir la Justicia de Molina. Los Alcaldes de Terzaga para efectuar el traslados de los utensilios a Peralejos tomaron a pesar de la negativa del dueño D. Andrés López, hidalgo, unas caballerías propiedad del mismo, el cual entabló querella contra los alcaldes *"por querer imponerle bagages para conducir a Peralejos ciertos instrumentos correspondientes a la Armería que querían establecer en este pueblo"*[85]. Según testimonio de Simón Moros, alguacil, el 8 de Diciembre le mandó la Justicia a requerir a Andrés preparase para el día siguiente una caballería para ir a la villa de Peralejos a conducir tres cargas de la Armería. Andrés se negó y después de un segundo recado y segunda negativa, los mismos alcaldes la tomaron. Alegaron *"que se trataba de llevar a Peralejos unos fuelles de la Fábrica de Armas, fusiles, tornos y demás herramientas y que no había más caballerías y que procedieran con miramientos"*. En la causa la Junta nombró a D. Francisco López Pelegrín, quien defendió en su ponencia la actitud de los regidores y recriminó la actitud de D. Andrés López, hidalgo. *"Excmo Sr: Los nobles, más que otro alguno, debían ser en causa justa que defendemos, los primeros en prestarse a los servicios que exigen las necesidades de la Patria. La causa promovida por D. Andrés López contra la Justicia de Terzaga, es un testimonio poco decoroso a este ciudadano y no sé que hay orden que exima, en el día a los Nobles de los servicios públicos..."* *"Debe, en mi concepto, restituir o pagar D. Andrés López lo que se ha exigido a los regidores de Terzaga, y es muy oportuno proteger las justicias que se hallan en los mayores apuros, como V.E. conoce, y es muy raro que, en las actuales circunstancias pronuncie, un*

---

85   Arenas López, A.: *Op. Cit.*

patriota la más pequeña excepción". Checa 6 de Agosto de 1810. Francisco López Pelegrín.

El Juzgado, basándose en la exposición de D. Francisco López Pelegrín emitió el siguiente fallo: *"Molina y Octubre 9 de 1810. La Junta se conforma con el Dictamen del Sr. Pelegrín, y los Regidores guardarán justicia e igualdad en el repartimiento de bagajes con este interesado cuando le corresponda. Así lo acordó S,E, y firma según estilo de que certifico. Fernando Masegosa Vázquez"*[86].

La Junta, consciente de la importancia y prioridad que supone para los franceses la Fábrica de Armas decide fragmentarla en tres sedes distintas, localizándola en Peralejos, Cobeta y Garabatea (Peñalén), tres lugares difíciles de llegar por la orografía del terreno y cercanos al Río Tajo. Peralejos además de la importancia en la defensa del territorio próximo al Tajo, albergó una parte de la Fábrica sobre todo relacionado con la fabricación de fusiles, reparación de ellos y puesta a punto de armas blancas. Esta armería fue quemada al igual que la de Cobeta por el General Paris en la noche del 7 al 8 de Febrero de 1811, en represalia al no capturar al General Villacampa que fue derrotado y se refugió en las Rochas del Tajo. Paraje que sirvió en varias ocasiones de refugio al general Villacampa e incluso a Juan Martín "El Empecinado". El general del ejército francés, Suchet, en sus memorias refiriéndose a la acción de General Paris expresa: "Rompió y destruyó las armas que, desde la guerra, habían sido muy utilizadas en las montañas"[87]. Como anteriormente se apunta en el proceso de fabricación de armas no solo intervinieron operarios de la zona. También hubo intervención de armeros vascos, venidos expresamente del Vascongadas, con-

---

86 Arenas López, A.: *Op. Cit.*

87 Sanz y Díaz, J.: *El Santuario de Nuestra Señora de Ribagorda*. Lérida, 1948.

cretamente de Placencia de la Armas. Dicha presencia viene refrendada por el hallazgo de un documento del Ayuntamiento de dicha localidad. Se trata de un poder notarial, debidamente protocolizado en la Escribanía donde se expresa la nómina de un nutrido grupo que se formó para establecer la fabricación de armas portátiles de fuego en Molina de Aragón y Cobeta, poblaciones cercanas entre si. Hace referencia a la extensión de más territorio, por lo que debido a la proximidad y las circunstancias relatadas (Fragmentación de la Fábrica) llegaron a Peralejos[88]. En la localidad hay apellidos de origen vasco. En dicho documento se relacionan las personas que se desplazaron y reclaman el pago de algunas cantidades que se adeudaba. En los parajes cercanos a Peralejos y la zona de Albarracín se dieron acciones que repercutieron de alguna manera en la villa. El 27 de marzo de 1812 en Pozondón el General Villacampa vence a las fuerzas del General Polombino, italiano, del lado francés. En dicha localidad hace prisioneros a un buen número de soldados de las tropas francesas que son traslados a Checa. Villacampa dispone que sean trasladados a Poveda de la Sierra para evitar cualquier tentativa del General Polombini de rescatarlos. El 29 de Marzo sale de Orihuela del Tremedal hacia Peralejos para cubrir dicho traslado. Villacampa sabe que Polombini ha llegado a Megina y ante la posibilidad de una acción conjunta francesa de Polombini y el General Balathier, hace que Villacampa abandone Peralejos y se desplace a El Recuenco. Según palabras del propio Villacampa "no consideraba prudente aguardar a ser batido y exponerme a perderlo todo". Polombini no pasa de Megina, se desplaza hacia Daroca. Tácticas militares y lo escabroso del terreno hace que desista de avanzar. Se constituyó una nueva Junta de Defensa, en 1811, en la Iglesia de Santa

---

88   Larreatigui, M.: *Archivo Municipal de Placencia de las Armas* (1817).

María del Conde, uno de los pocos edificios que quedaban en pie, Molina sufrió diversos asedios bastante fuertes ostentando la representación por Peralejos D. Francisco Sánchez y D .José Sanz Sorando.

La Junta celebraba sus sesiones en distintos lugares, dependiendo fundamentalmente de las circunstancias bélicas. Fueron testigos de las reuniones Barranco de la Hoz, Checa, Terzaga, Tierzo, Valhermoso, Terzaga, Tierzo, entre otras. La villa de Checa fue sede además de varias reuniones de la Junta de Aragón. Los generales que estuvieron por estos parajes fueron por parte española, Villacampa, Zayas y El Empecinado. Por parte francesa Hugo, Klopicki, Lanssage, Paris, Polombini y Suchet.

Guerras Carlistas

Las Guerras Carlistas son periodos bélicos civiles que se dan en España desde 1833 hasta 1876. Fueron tres, la primera fue la que más afectó a la Serranía de Cuenca y el Alto Tajo. Se desarrolló de 1833 a 1840. La segunda de 1846 a 1849 y la tercera de 1872 a 1876. Fernando VII tras tres matrimonios que no había conseguido tener hijos, en su matrimonio con la Infanta Cristina tuvo a Isabel. Al ser mujer no podía ocupar el trono por lo que Fernando VII promulgó la Pragmática Sanción de Carlos IV, ley por la que la descendencia femenina podía acceder al trono. El hermano de Fernando, Carlos Mª de Isidro vio truncadas sus aspiraciones de ocupar el trono, de manera que no reconoció a Isabel como princesa de Asturias, ni tampoco como cuando Isabel fue proclama reina bajo la regencia de su madre. D. Carlos y sus partidarios querían además la restauración del Antiguo Régimen. Se formaron dos bandos, liberales y carlistas, en los que además de la ideología había intereses sociales, económicos y religiosos. La postura de la Iglesia fue tibia, no adhiriéndose las altas jerarquías con los carlistas y sí el clero modesto que combatió incluso con las armas en el de D. Carlos. La facción Carlista fundamentalmente estaba formada por clero bajo, sumándose alguno de alta jurisdicción. Campesinado y pequeños propietarios rurales defensores de los fueros, realistas exaltados, moderados y absolutistas. Contaban con el apoyo de Rusia y Prusia. Este bando tenía bastante penuria económica, circunstancia que hacía que la mayoría de los voluntarios aportaran sus armas, vestidos y calzados. D. Carlos financió varios créditos extranjeros y emitió bonos, cuyo importe permitió adquirir algo de armamento. El resto salió de las contribuciones forzosas y de las armas y equipos que arrebataron al enemigo. Los liberales controlaban las principales instituciones del Estado, la mayoría del Ejército y todas las ciudades importantes. El bando Isabelino o Cristino lo formaban clases privilegiadas, aristocracia urbana y rural. Burocracia provincial administrativa, liberales ideológicamente herederos de los ilustrados. El apoyo exterior de este bando venía de Inglaterra, Francia y Portugal. Venía determinado el enfrentamiento bélico en la zona de la Serranía por la acción de guerrillas apoyadas por fuerzas militares organizadas. El General Cabrera fue uno de los personajes fundamentales en estas acciones. Beteta y Cañete fueron dos puntos neurálgicos, ya que eran zona de frontera hacia Levante, uno de los escenarios más importantes. Al final de la contienda partidas de guerrilleros carlistas no lo aceptaron y organizaron partidas por la Serranía realizando acciones de requisas, fundamentalmente de ganado y alimentos. Uno de los planes que concebían las tropas isabelinas era apoderarse de los fuertes que los carlistas tenían más lejanos de su do minio y empezaron atacando Beteta, en poder carlista, para lo cual combinaron tres columnas cristinas. Mediante unos confidentes llegó a conocimiento del Coronel Palacios, que se hallaba en Tragacete, las intenciones del ejército Isabelino. Palacios con el primer y segundo batallón denominado Tortosa, cuatro compañías del segundo de Valencia, una compañía de tiradores de Caballería y el escuadrón de Toledo, llegando el 21 de Enero a Alcocer donde se hallaban tres batallones y dos escuadrones de la Reina dirigidos por el Comandante General de la provincia de Guadalajara. Salieron las tropas de la Reina al encuentro de Palacios fuera del pueblo, tuvieron un encuentro en el que las tropas isabelinas se retiraron hacia el puente de Auñón, dejando en poder de Palacios ciento cuatro prisioneros además de algunos muertos y heridos entre los que se encontraban cuatro oficiales y 24 lanceros de guardia. Palacios envalentonado por esta acción se dirigió hacia Peralejos por el asedio a Beteta, descansando algunas horas en Valsalobre llegando a Peralejos en la madrugada del 24. Las fuerzas carlistas cruzaron el Tajo y cayeron en Peralejos sorprendiendo a las tropas isabelinas que estaban al mando del Coronel Rodríguez "Capablanca". Esta fuerza del gobierno se componía del provincial de Laredo, cuatro compañías de francos de Cantabria y 6º caballos de francos. Los cristinos, parte estaban alojados dentro del Templo Parroquial, desconcertados salieron dejando parte del armamento y material en el Templo y trataron de huir y hacer frente a los carlistas en el lugar denominado "Las Cabezuelas" no logrando contener huyeron hacia Checa y desde allí reagrupados a Molina. En esta acción Palacios les tomaría a los isabelinos 40 prisioneros un número importante de bajas y material bélico, ropa y parte del botín y expolio que habían hecho previamente los cristinos. Los carlistas perdieron el segundo comandante del Primer Regimiento de Tortosa Don Lorenzo Ramírez, del capitán de cazadores D. Joaquín Echazu, otros oficiales y 30 soldados muertos en el campo. Según testimonio del historiador Calvo y Rochina[89]. *"El capitán Echazu cogió por el correaje a un soldado de la Reina y lo sentó en el suelo como prisionero, pero éste después le disparó su fusil y lo mató. Observada la acción por los compañeros del capitán carlista se arrojaron sobre el agresor y lo hicieron pedazos, siendo enterrado después en la misma hoya que el que había matado".* El parte militar del Coronel Palacios al Conde de Morella (Cabrera) fechado en Peralejos el 24 de Enero de 1840 expresa el estupor e indignación de la tropa carlista por este hecho, dándose actos de venganza por parte de los soldados carlistas hacia los prisioneros. Palacios no se atrevió a atacar la tercera columna de la Reina ante la perspectiva de ser más numerosa que sus efectivos. Se conformó con haber truncado momentáneamente los planes de atacar Beteta por parte de una columna del Coronel Rodríguez y aprovisionarse del ganado que encontraba a su paso. La alternativa de victorias y reveses de uno y otro partido hacía que quedase muy distante el fin de la guerra. Los pueblos sufrían en este periodo las mayores vejaciones, ya que se les conminaba por unos y otros con las órdenes más duras y apremiantes.

Guerra Civil de 1936-1939

El Río Tajo y su entorno es el espacio geográfico en el que se desarrolla la actividad bélica de la Guerra Civil en los Montes Universales. El Tajo en la confluencia de las provincias de Cuenca, Guadalajara y Teruel actúa de frontera y marca de manera muy acentuada las operaciones que se realizan, frontera que ningún bando se planteó rebasar. Fue un frente secundario

---

89   Calvo y Rochina.

e inactivo, con poco valor estratégico, no apto para operaciones bélicas de envergadura y sí para acciones de guerrillas. Terreno abrupto difícil de transitar, con escasas vías de comunicación, tanto naturales como hechas por el hombre. Las zonas de paso constituían uno de los puntos de interés militar a controlar por uno y otro bando. En este espacio geográfico muy cercanos unos de otros, nacen unos ríos con vertientes de su aguas totalmente opuestas, Jiloca, Guadalaviar, Jucar y Cabriel al Mediterráneo. Tajo, Guadiela y Gallo al Atlántico. Exceptuando los intentos de toma de Teruel, las operaciones bélicas efectuadas por el Ejército Popular de la República se limitaban a tomas de "contacto" con el enemigo que servían de distracción para desviar la atención y coincidían con maniobras de mayor envergadura como era la Batalla del Ebro y la de Brunete, las mayores que se dieron en toda la contienda. Consistían a veces las operaciones en una toma de contacto de poco calado, con pocos efectivos, podríamos decir de avanzadilla, con otra línea distanciada detrás. De hecho hubo periodos de "tranquilidad" aunque la separación se limitase al cauce del Tajo. Se dieron en estos parajes operaciones bien definidas, coincidentes con otras de mayor envergadura a nivel nacional:

1.- Diciembre 36. Ofensiva republicana columna del Rosal. Coincide con la acción sobre Algora de las Brigadas Internacionales. (N-II). Punto clave en las comunicaciones con Madrid.

2.- Abril 37. Agrupación Autónoma de Cuenca- División D. Cuatro columnas atacan Teruel. Coincide con la batalla del Cerro Garabitas.

3.- Julio 37. 42 División republicana 52 División Nacional. Diversión de la batalla de Brunete.

4.- Diciembre 37 a Febrero 38. Tres Cuerpos de Ejército republicano y la toma de Teruel. La gran batalla de invierno de Teruel, realizada para abortar la ofensiva nacional sobre Guadalajara y Madrid.

5.- Abril 38. Ofensiva republicana de la 64 D sobre Toril-Terriente. Coincidente con la Batalla de Abánades.

6.- Ofensiva columnas de Cipriano Mera (IV C.E.) sobre Griegos y Guadalaviar. Diversión de la batalla de Gandesa.

7.- Paso del Tajo de Mera en el Río Cabrillas. Objetivo Molina. Operación de tanteo.

8.- Marzo 39. Ofensiva final Ejército Nacional[90]. La mayor parte de las operaciones las emprendieron los republicanos y fueron realizadas como apoyo a otra gran operación en marcha, como se denomina "diversión de fuerzas nacionales" para debilitarlas en frentes decisivos.

La extensión del frente de los Montes Universales, comprendía por el Norte desde Molina de Aragón hasta la localidad de Albarracín, escenario de varias acciones. Por el Sur Villanueva de Alcorón, (Guadalajara), Priego (Cuenca) y Cañete (Cuenca), zona de orografía accidentada, escasas vías de comunicación, con zonas de montaña y pasos que suponen un interés especial militar para la guerra de montaña. Las operaciones militares se desarrollan principalmente por el Este entre Toril-Terriente. Oeste, Griegos, Guadalaviar, agregando los pasos entre el Río Gallo y Cabrillas frente a Molina, escenario de varias acciones. Las fuerzas que se enfrentaron en esta zona, fueron la Columna de Milicias Confederales, por parte del Ejército Popular de la

---

90   Romero Serrano, J.: *Montes Universales. 1936-1939. Guerra en Montaña. Seis batallas de Molina a Albarracín.* Ediciones Intermedio. Guadalajara, 2023.

República, estando en principio al frente el Teniente Coronel del Rosal y Cipriano Mera como Delegado General de las Milicias. Estuvieron encuadradas en la 42 División del Ejército. Por parte del Ejército Nacional el núcleo fue la Legión Castellano Aragonesa, fuerzas requetés que encuadraban los Tercios María de Molina-Marcos de Bello, Numancia y Santiago. El término legión no es el sentido clásico que conocemos, sino de guerrilleros requetés. Las fuerzas legionarias clásicas actuaron en varias ocasiones, Tercera Batalla de Teruel, (2ª y 4ª Bandera de la Legión) al igual que fuerzas regulares y la 8ª Bandera de Falange (F.E.) esta última sobre todo en la toma de El Cuervo en Agosto de 1938[91].

Columna Tierra y Libertad

Tuvo un especial protagonismo en la zona de Peralejos y Serranía de Cuenca. Beteta fue un punto neurálgico de esta fuerza extendiéndose su influencia a Peralejos. La columna Anarco-Sindicalista *Tierra y Libertad* fue la más activa en esta zona por parte del Ejército Popular de la República. Organizada por la CNT-FAI de las comarcas del Alto Llobregat y Cardoner y Barcelona capital. Se incorporó a los frentes del Centro a mediados de 1936 como refuerzo ante el avance del Ejército de África hacia Madrid. Participó en varias acciones del Centro de la Península. Junto con las Milicias Confederadas del Centro, marchaban hacia el Sur y como delegado de dicha columna figuraba Germinal de Sousa. Estaba compuesta de 8 centurias, no estaba integrada dentro de Las Milicias Confederadas del Centro aunque actuaban conjuntamente, su dependencia era de la Generalidad de Cataluña. Las Milicias Confederadas a la

---

91 Romero Serrano. *Op. Cit.*

altura de Tarancón deciden cambiar de planes y se dirigen hacia los Montes Universales con la finalidad de atacar Teruel. El Teniente Coronel del Rosal, influido por el capitán y comandante ayudante y el comandante ayudante Torres le instan a cambiar de dirección creyendo que podrían conquistar Albarracín, Teruel y otros lugares de los Montes Universales[92]. Según relata Mera en su diario, las columnas Orobón Fernández se desplaza a Priego, Ferrer y Mora a Tragacete y Tierra y Libertad a Beteta. El objetivo que le ordenaron a Mera consistía en amenazar Teruel mediante una serie de acciones. La decisión del cambio de planes no estuvo exenta de polémica entre militares y anarquistas, discrepancias que se dieron durante toda la contienda.

La Columna *Tierra y Libertad* emprendió una serie de reconocimientos dando con el enemigo en Peralejos. Lo relata Cipriano Mera en su diario de operaciones. Germinal de Sousa y un capitán salieron para Villanueva de Alcorón y Zaorejas, observando que el adversario se hallaba al otro lado del Tajo. La zona de la Serranía de Cuenca al principio de la contienda estuvo bajo control republicano, especialmente de aquellos que se conocían como "confederales", agrupaciones en torno al ideal anarco sindicalista, CNT-FAI. Hubo movimientos por los pueblos por parte de esta columna para la adhesión de sus gentes a la causa, circunstancia que no se dio, el propio Mera lo relata en su diario, dando lugar a acciones que empañaban la imagen del ideal anarquista. En conversación mantenida con el delegado de la columna Germinal de Sousa le recrimina las acciones que han llevado con desafectos a la "causa" de cobrarles impuesto, requisarles bienes e incluso encarcelarles. Textualmente le dice ante estas acciones que se dieron por los pueblos del entorno:

---

92   Mera Sanz. *Guerra, exilio y cárcel de un anarcosindicalista.* Edit. Ruedo Ibérico. 1976. Francia

"Debes saber que ese Comité, formado por la Columna, impone multas a los desafectos a la causa: si pagan , disfrutan de libertad y los que no quedan en la cárcel, con lo que se da la impresión de la lealtad ante nuestra lucha es una mera cuestión de pesetas... Tenemos que evitar merced a nuestros actos y a nuestra conducta general que se hable mal de nuestras fuerzas. Germinal debemos mostrar mejor afán en ganar la guerra y poner término a esas acciones mezquinas y peseteras."

Germinal de Sousa le respondió aceptando las recriminaciones de Mera alegando la diferente idiosincrasia de sus milicianos a los de aquí, haciéndole constar que los de aquí cobraban semanalmente y los suyos no habían recibido un céntimo de la Generalidad de Cataluña. Alegando que lo demás son cosas propias de la falta de disciplina. Mera le ofrece a Germinal los Servicios Especiales del Ministerio de la Guerra (Espionaje y contraespionaje) para contrarrestar las acciones de saqueo. Lo acepta Germinal pero no el ofrecimiento de integrar en nómina a la columna dentro de las Milicias Confederales del Centro, alegando que el criterio de los hombres de la Columna es estar bajo el control de la Generalidad. Lo acepta Mera haciéndole constar que esta última cuestión no debe servir de pretexto para la acción de las multas[93]. Esta conversación fue mantenida por Mera y Sousa con motivo de las explicaciones que el primero le pidió por la acción de Peralejos. Existía una cierta desorganización y criterios distintos en las filas del Ejército Popular de la República. El propio Cipriano Mera lo manifiesta en una de sus visitas al frente en la operación de Griegos y Guadalaviar en Agosto de 1938. Visitó la zona de Tragacete y Huélamo y las crestas que acceden al nacimiento del Tajo, asombrándose del escaso nivel de fortificación y de la dificultad de aprovisio-

---

93   Mera Sanz, Cipriano: *Op. Cit.*

nar a las fuerzas destacadas, solo mediante mulas, Estas fuerzas participaron en la defensa de Madrid cuando sufrió el ataque del Ejército de África. El mando republicano solicitó que todas las fuerzas disponibles acudiesen a salvar la capital. Cipriano Mera pidió voluntarios "dispuestos a morir en Madrid". Fueron 1000 de las Milicias Confederadas, sufrieron pérdidas humanas cuantiosas evitando la caída de Madrid. Los milicianos que quedaron en el territorio de Peralejos, construyeron trincheras en el Machorro y resto de Belvalle, margen izquierda del Tajo. En la margen derecha, zona del Escalerón, estaban las trincheras del Bando Nacional.

La columna *Tierra y Libertad* posteriormente fue militarizada, uno de los motivos de discrepancia entre milicianos y militares, hubo casos que llegaron incluso al desacato. Ahora era la Brigada Mixta 153. Su armamento era mejor del que disponía en principio, mandos más curtidos y profesionales, pero el anhelo romántico e ideológico había disminuido. Tuvo un enfrentamiento en Belchite con el Tercio María de Molina, muy lejos de aquella escaramuza guerrillera que tuvo con el Tercio Numancia en Peralejos. Éste de Belchite era en toda regla, con artillería, tanques y aviones. En Marzo del 38 con la ofensiva del Ejército Nacional en Aragón fue retrocediendo hacia Cataluña. Su rastro se pierde en Vic durante la ofensiva. La unidad se unió a la "Retirada" del Ejército Republicano y acabó cruzando los Pirineos camino del exilio.

Legión Castellano Aragonesa.

El núcleo de la agrupación fue el Tercio de Requetés María de Molina-Marcos de Bello. La constituían además otras dos columnas de requetés, el Tercio Numancia y el de Santiago. El

María de Molina tuvo especial relevancia por el reclutamiento de requetés de Peralejos y el Numancia por las dos acciones que se llevaron a cabo en este municipio. La Legión estaba encuadrada dentro de la 52 división y Fernández Cortés ejerció en un principio la Jefatura, estableciendo el puesto de mando en Molina de Aragón en el Instituto de Segunda Enseñanza. El Tercio Numancia, integrado en gran parte por voluntarios sorianos, en Octubre de 1936 pasa a relevar al María de Molina. Su labor en principio consiste en reconocimiento, policía y propaganda por los pueblos del entorno. Hay quien relaciona la desaparición de unas cabezas de ganado en Belvalle en esta época con el ataque de la columna anarquista a Peralejos. En los días 10 y 12 de octubre entra la unidad en su primera acción de fuego de muy escasa importancia en torno a Fuembellida. El 26 del mismo mes efectúa una salida hacia Griegos y Guadalaviar, atravesando Checa y Orihuela del Tremedal sin llegar a entrar en combate y sirviendo solo de apoyo a las guarniciones carlistas de aquellas localidades. El 29 de Octubre, el Tercio Numancia en unión de falangistas y guardias civiles va hacia Peralejos por la carretera comarcal, teniendo lugar la confrontación de mayor importancia que se dio en Peralejos, dura escasamente un día. En Noviembre de 1936 se suceden algunas nuevas acciones, El 7 la unidad se reúne con las fuerzas del Tercio María de Molina, El 10 efectúa un rápido golpe de mano, con una fuerza de 33 requetés y 10 guardia civiles sobre el Puente San Pedro, objetivo codiciado por ambas partes, logrando la misión. Va cambiando de posiciones a lo largo del primer semestre de 1938, Cobeta, Cuevas Labradas, Castillo de Alpetea, Valhermoso, Fuembellida y Escalera, pertenecientes al Subsector de Molina. En junio de 1938 quedarán concentradas en Peralejos de las Truchas realizando labores de guarnición. Se da otra acción de cierta envergadura el 30 de Junio de 1938, el intento de asalto y toma de la fábrica de luz por parte de efectivos del Ejército Popular de la República, resultando fallido. Se sucede un periodo de aumento de efectivos de este Tercio y permanecen en Peralejos y posicions cercanas. La dependencia militar superior y la incorporación de nuevos efectivos hace que de una manera progresiva se vaya perdiendo la identidad carlista. El 7 de Febrero abandona el Tercio Peralejos de las Truchas en dirección a Levante donde se incorporara al ejército del mismo nombre hasta el final de la Guerra Civil.

Acción de Peralejos.

Se dio entre la *Columna Tierra y Libertad* y el *Tercio Numancia*. La columna anarquista tenía tomada la villa de Peralejos defendida únicamente por "escopeteros". Germinal de Sousa tomó los altos que la rodean, terreno escarpado donde el suministro solo puede ser llevado por caballerías. El puesto de mando requeté estaba a menos de 30 Kms. por carretera. Se cree que la pretensión anarquista era de llegar a las Salinas de Tierzo, para lo cual pretendían cortar el acceso por carretera en el puente Cabrillas. El 29 de Octubre la Compañía Numancia, en unión de guardias civiles y falangistas se desplazan en autobuses por la carretera hacia Peralejos. Los efectivos nacionales siguiendo la carretera y no encontrando oposición en el citado puente siguieron hasta Vadillos, entrando por el camino de Valdecastellanos hacia La Muela de Utiel, sitio estratégico y punto fuerte de los efectivos anarquistas. Fueron sorprendidos e iniciaron la retirada por el pinar por el puente Martinete hacia Beteta. Las fuerzas nacionales recibieron la orden de retirarse, si no se hubiese producido tal retirada, según varios testimonios, la Columna Tierra y Libertad hubiese quedado mermada al máximo. Cuando al amanecer regresaron al pueblo, los anarquistas habían huido. La acción se llevó a cabo desde la mañana del día anterior. Los parajes por los que discurrió la lucha fueron el Barranco del Horno y la Hoya del Castillo para cortar la posible retirada de los efectivos anarquistas. Valdecastellanos como entrada hacia la Muela de Utiel. Puente sobre el Río Cabrillas, Cueva del Moreno punto de resistencia, La Redonda, Las Cabezuelas y el Barranco de los Encarcelados. Mera le pidió explicaciones a Germinal de Sousa sobre la ocupación de Peralejos y lo que había supuesto para la Columna. Las fuerzas del Tercio Numancia estaban comandadas por el Comandante de la Guardia Civil D, Pedro Sáenz de Sicilia[94]

Intento de toma de la fábrica de luz.

El 30 de Junio de 1938 se dio una pequeña acción de guerra que rompía la "tranquilidad" que se disfrutaban en las posiciones. Que a las tres horas de la madrugada el enemigo atacó con numerosas armas automáticas y bombas de mano la posición de "fábrica de Luz" que guarnecía una sección de Requetés, al que se le castigó duramente y se vio obligado a retirarse a zona roja al amanecer, después de haber sostenido un duro combate y de hacerle numerosas bajas vistas que evacuaron. En reconocimiento efectuado por la fuerza de reserva de esta unidad y guerrilla auxiliar del pueblo que fueron a reforzar dicha posición, se recogieron 20 bombas sifón-piña, vendas y algodones ensangrentados que abandonó"[95]. Las bajas propias fueron cuatro heridos, entre ellos el alférez José Miguel Catalán que mandaba la posición. El enemigo se llevo dos prisioneros[96].

94 Sanz y Díaz,J.: *Op. Cit.*

95 *Diario de operaciones.* Archivo Histórico Militar de Ávila.

96 Arostegui, Julio: *Op. Cit.*

Servicio de Información

El Ejército Republicano tenía un servicio de Información bastante eficaz, aunque lo averiguado en ocasiones no fuese efectivo. En la ofensiva Griegos –Guadalaviar llevada a cabo en Agosto de 1938, la información republicana sobre el enemigo era bastante precisa. Recogía el ORBAT de las fuerzas nacionales que se extendía desde el río Gallo y Zaorejas, hasta la carretera de Teruel a Cuenca. Este sector estaba defendido por la 52 División Nacional. El Servicio de Información del IV Cuerpo del ERP en un primer tramo, desde el Gallo hasta Peralejos de las Truchas sitúa a la Legión Castellano-Aragonesa, con su puesto de mando (PC) en Molina. Desde Peralejos hasta Royuela había un Batallón de guarnición, el 333, no encuadrado en la Legión Castellano-Aragonesa. Se inició la ofensiva republicana sin el factor sorpresa, ya que fueron detectados sus movimientos. El frente Nacional estaba comandado por el General Varela que logra contener el primer impulso del EPR. En días sucesivos reorganiza sus fuerzas y contiene el ataque republicano. Esta ofensiva según órdenes recibidas por Mera era de "*distracción*" del enemigo por la Batalla del Ebro[97]. La Orden de Defensa fechada el 18 de Agosto de 1938, de la 52 División Sector Alto Tajo, restablece la situación haciendo hincapié en la marcha forzada de las fuerzas republicanas hacia el Sur del Río, estableciendo dos subsectores, el comprendido desde Frías de Albarracín a la Fábrica de Luz de Peralejos, estando excluido y sirviendo solo como límite. El Subsector de Molina que comprende desde la Fábrica de Luz (incluido) hasta el Río Gallo en su confluencia con el Tajo. En este subsector como organización de la línea establece el punto de apoyo en Peralejos[98]. El

---

97   Romero Serrano. *Op. Cit.*

98   Archivo Militar de Ávila

C.E. de Castilla al no ser requerido en el Ebro estuvo los últimos 8 meses de la guerra, de finales de Julio del 38 al 1 de Abril del 39 de relativa calma. Hubo un episodio final, el intento de Mera en Enero de 1939 de tomar Molina traspasando el Río Gallo y Cabrillas[99].

El 23 de Enero de 1939 el Estado Mayor, de la 136 Brigada Mixta elabora un informe sobre las "Posiciones enemigas comprendidas entre El Escalerón y la Muela de Ribagorda" especificando que dichas posiciones estaban ocupadas en la actualidad por fuerzas del Tercio de Requetés de Numancia. Detalla la construcción de algunas de ellas, y estar el pueblo de Peralejos rodeado de alambradas, la protección de las bocacalles del pueblo de piedra y cemento añadiendo a la defensa la posesión de máquinas o fusiles ametralladores. Dicho informe menciona la presencia de efectivos en el pueblo y en el entorno, Checa, Orea, Orihuela y Taravilla. Asímismo detalla al frente del puesto de mando un capitán y dos alféreces. Respecto a las comunicaciones telefónicas con el Puesto de Mando Central de Molina y la fábrica de luz, destacan dos figuras que estuvieron presentes y desarrollaron su actividad en estos Parajes, General Varela por parte del Ejército Nacional y Cipriano Mera, en un principio Delegado General de Milicias ascendido, a su pesar, a Teniente Coronel.

Los tres periodos bélicos están impregnados de una gran carga sentimental por los bandos combatientes, acompañada del aspecto económico, social y apoyo internacional a ambos bandos. En la **Guerra de la Independencia** el idealismo que había hacia el Rey Fernando VII, a pesar de los acontecimientos precedentes, llevo incluso a declarar por parte de la Junta

---

99   Romero Serrano. *Op. Cit.*

de Defensa de Molina de Aragón la hostilidad a Francia. No estuvo exenta esta Junta de polémicas con la de Guadalajara, acompañada del intento de seguir siendo provincia. Dándose la circunstancia de una deficiencia logística y falta de apoyo económico, fundamental en todo conflicto.

La **Guerra Carlista** no está exenta de idealismo acompañado de intereses económicos y sociales. La gran división social que estando palpable llega a acentuarse, medio rural-medio urbano y clases sociales predominantes en cada bando, así como el apoyo internacional para ambos. La larga duración del conflicto hace la población y el desarrollo social sufra un gran retraso que perdurará durante décadas.

La **Guerra Civil** tiene dos concepciones distintas de ideales, que hace que se forman dos bandos totalmente opuestos. En ciertos sectores sociales perdura el ideal carlista, de hecho bajo esas premisas se formaron los Tercios de Requetés. En el Bando Republicano figuraban varias opciones, algunas por exceso de idealismo y discrepancias internas hicieron fracasar distintas ofensivas. Comunistas de varias tendencias, Socialistas, Anarquistas y el Ejército que permaneció fiel a la República. El Bando Nacional contaba con la parte del Ejército que se sumó al Alzamiento, Banderas de Falange y Tercios de Requetés. No estuvo exento de discrepancias entre sus componentes. El proyecto por parte de Falange de crear una Academia de Jefes de Centuria de inspiración militar, tuvo poca duración, con el Decreto de Unificación quedó clausurada. Igualmente por parte de los carlistas de crear una Academia de Oficiales. Todo quedó bajo la tutela militar. El Tercio María de Molina-Marcos de Bello, estuvo ligado al Alto Tajo, gran parte de sus integrantes procedían de los pueblos del Señorío de Molina, entre ellos

Peralejos. D. José María Arauz de Robles, abogado del Estado y político activo ligado a Peralejos, fue uno de los principales artífices de su creación, incluso el nombre de María de Molina, afirma Julio Aróstegui, fue por sugerencia suya.

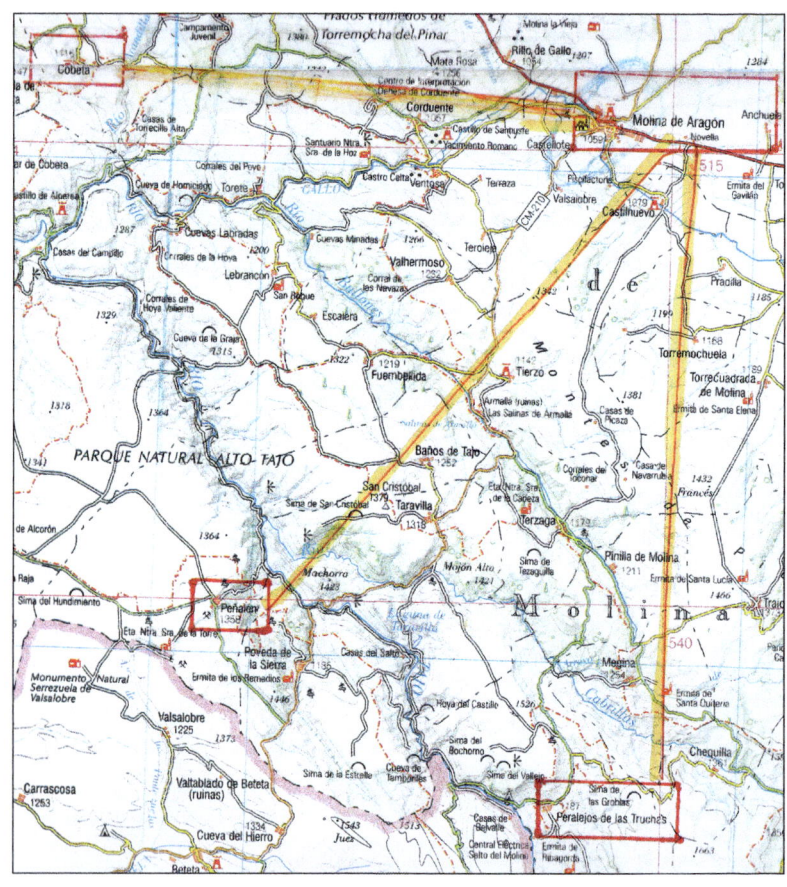

Guerra de la Independencia. Situación Fábrica de Armas.
Escala 1:200.000

Mapa de situación del episodio bélico de Peralejos.
Entre el 27 y el 31 de octubre de 1936.

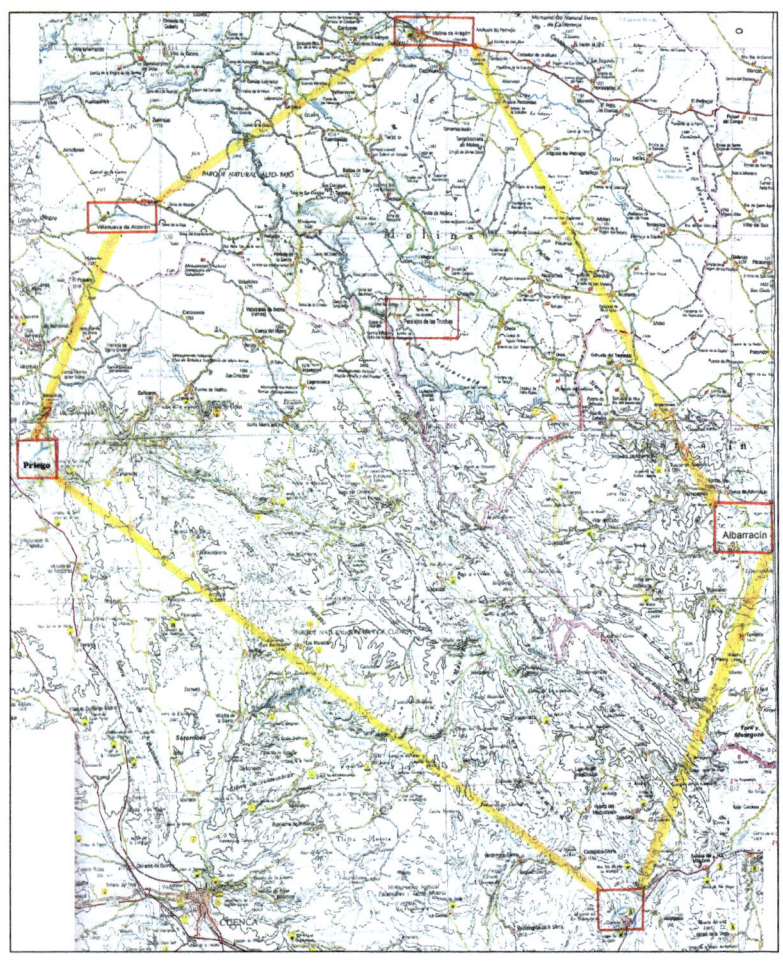

Mapa Guerra Civil Montes Universales.
Escala 1.200.000

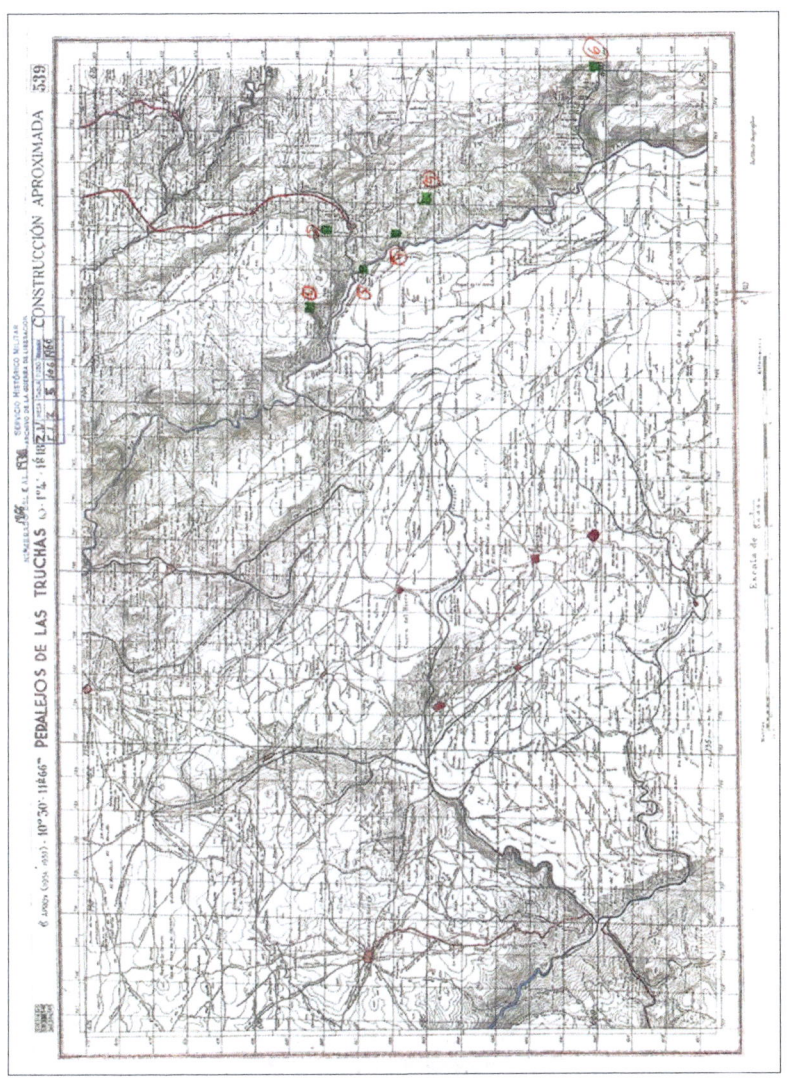

Localización de las trincheras del Ejército de Franco.

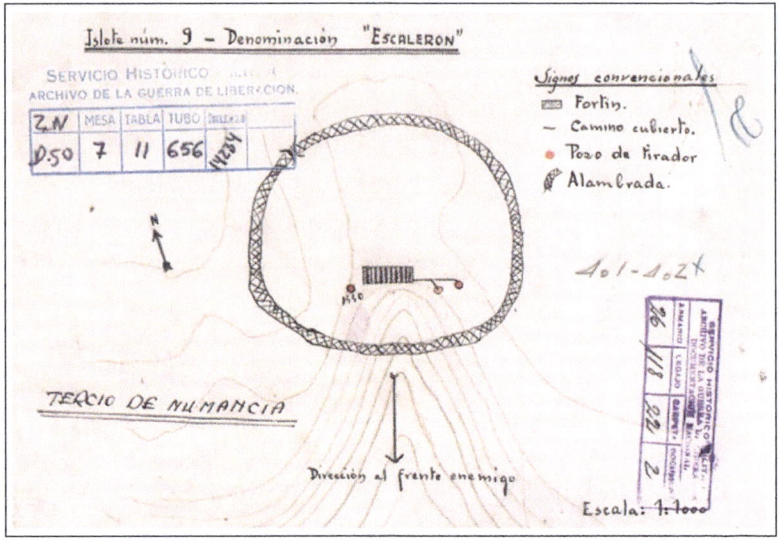

Trinchera del Escalerón. Ejército de Franco.

Perspectiva del frente desde la trinchera del "Escalerón"

Coordenadas según el informe del Servicio de Información Republicano. (El Informe da los valores cambiados)

Descripción de la Posición según el informe.

"El Escalerón. X-747 Y- 668. En esta posición existe un fortín de poca consistencia de forma de paridera, guarnecido por efectivos aproximadas a un pelotón.- Dicha posición está defendida por un fusil ametrallador."

Trincheras del Ejército Republicano

(Altos del Machorro)

Trinchera del Machorro inundada.

Perspectivas desde las trincheras del "Machorro".

Recuerdos

Tiempos pasados

Peralejos fue una villa agrícola y ganadera como principal actividad de sus habitantes, hasta que empezó el fenómeno migratorio hacia otras tierras de España. La vida giraba el torno al campo y la ganadería. Empezaba la labor fundamental con el periodo de la siega, acarreo de la mies, en principio en caballerías ya que apenas existían caminos para poder transitar los carros. Aparecieron algunos, después algún tractor, pero se seguían transportando los haces en las caballerías con las albardas adaptadas para el caso con las amugas. Comenzaba la siega, siempre mirando al cielo por si viniese alguna "trona" que echase abajo todo el esfuerzo anual. Se hacía a mano por los dueños de la tierra y operarios que venían de fuera, La Mancha, Extremadura y Aragón, dispuestos a ganarse el sustento a base del esfuerzo que suponía. Estos segadores eran bien tratados, según manifestaciones de ellos mismos, de los mejores sitios. Las ollas de la matanza eran testigo de ello. Hubo uno, oriundo de Aragón, cuya leyenda era de haber sido buen jugador de pelota le llamaban "Quilo".

La trilla comenzaba prácticamente con el sorteo de las Heras del pueblo. Entraban aquellos que no la tenían propia. El preparar la parva a primera hora, el trillo enganchado a las mulas dando vueltas por la mies, vuelta cada cierto tiempo con las horcas de madera de muy buena calidad, una gran parte adquiridas en el "El Pañero" tienda del pueblo que suministraba de todo y en la época estival la mayor actividad la registraba al atardecer prolongándose hasta las 11 de la noche. Horario lógico acorde con el ritmo de vida. A Mediodía, la una de la tarde, sonaban las campanas de la Iglesia, toque típico que indicaba la pausa para bajar a comer, que la parva se pusiese más a punto para el último tramo de la trilla, bebiesen agua las caballerías, merecía la pena ver las yuntas en el pilón y de paso que no se las comiesen "los tábanos y moscas" muy activos a esas horas. El reloj de la Torre de la Iglesia jugaba un papel primordial con sus campanadas de las horas y medias. Cuando al atardecer caía el sol se hacían montones con lo trillado y si se podía se procedía a "aventar" con la aventadora, a horca lo hacía ya poca gente y guardar el grano en los atrojes de la cámara. Estas faenas agrícolas solían acabar a últimos de agosto o principios de septiembre, de tal manera que cuando llegaba San Mateo estaba todo recolectado. Las obligaciones religiosas, misa, se hacía los domingos por la tarde y obviamente estaban dispensados los fieles de la obligatoriedad de no trabajar en domingo. Dos días en todo el verano eran festivos totalmente. Veinticinco de Julio, Santiago Apóstol y quince de Agosto Asunción de la Virgen. La misa se celebraba a media mañana, asistía el Ayuntamiento en pleno con sus bancos especiales situados al principio del Templo. La llamada era un toque especial y en el momento de la Consagración unos cuantos mozos volteaban la campana mayor. Crujía la madera que la sustentaba y el esfuerzo de los que la hacían sonar no era pequeño. Después era un día especial, el ir a tomar un refresco, cerveza o algo similar era muy típico. Los mozos y mozas solían ir de merienda al campo y por la tarde/noche el consabido baile en el salón, acontecimiento que se daba todos los domingos. Los toques de campana eran distintos según la ocasión. Misa en día de diario, tres señales con el campanillo menor para su comienzo. Misa en día festivo. Toque de difunto, arrebato, Mediodía, la gente sabía muy bien a que correspondía cada toque. Dos periodos festivos había lo largo del año. Coincidían como en la mayoría de los lugares con el comienzo de las labores agrícolas, existiendo alguna diferencia de días, y el final de dichas labores. El primer periodo las "Pascuas", era la celebración de las Pascuas de Pentecostés. Tenía lugar la celebración religiosa y la subida en romería a la Ermita de la Virgen de Ribagorda en cuya pradera se hacía una comida familiar, sentados en la manta, y el Ayuntamiento repartía "La Caridad", que era pan y vino. Este mismo acto de reparto de pan y vino después de Misa, se dio también en tiempos anteriores entre los asistentes a los "apeamientos" realizados después de la Misa Mayor sobre las tierras de las Capellanías. Era y es emotivo la peregrinación de la gente a la Ermita, la posterior procesión alrededor de ella, presidida por la imagen de la Virgen y en primer plano el gran pendón portado por una persona que posteriormente hace unas grandes ondulaciones con él. Se puede decir que en estas fiestas, puede ser que hayan transcurridos más de sesenta años, se dio el primer intento de "peñistas" entendiendo como tal unas personas que pasan gran parte de la fiesta juntos, con atuendos iguales entre ellos. Eran tres amigos, se vistieron con unas camisas amarillas floreadas y unas gafas oscuras de sol, a pesar de que ese año estuvieron totalmente pasadas por agua las fiestas. Fueron la gran nota de color. La música venía de Peñalén, acordeón, batería y es posible que saxofón. Las ganas de pasarlo bien paliaban la falta de más efectivos. Las fiestas de San

Mateo, eran y son las mayores, con las vísperas, cerramiento de la plaza para los toros, la llegada de éstos, el festejo muy distinto a los que se celebraban por otros pueblos, aquí los toreros iban vestidos con traje corto o de luces. Toreaban ellos y mataban los dos novillos. En algunas ocasiones se corrían y toreaban una o dos vaquillas al día siguiente, sufragadas por los vecinos y una caldereta cerraban las fiestas. Pasaron toreros que luego tuvieron algún nombre en el mundo taurino. Tinín, torero que lo hizo varias veces en Guadalajara y Madrid, malogrado por una lesión producida en la rodilla por un estoque que saltó. Tomó el relevo con su mismo apodo su hermano. Luis Grimaldos, llegó a torear en América. Aurelio Saá, el colombiano, Paco Alcalde, Aurelio Calatayud, efectuó varios años el salto de la garrocha en las Ventas, incluso en una corrida goyesca. Un descendiente de Peralejos llegó a tomar la alternativa. La orquesta ya era con más músicos, en su origen formaban parte de una banda de la localidad de Masanasa (Valencia). Por supuesto, el gran acontecimiento además de los toros era el baile que se hacía en la Plaza, participaba de una manera u otra la mayoría de la gente del pueblo.

En el término municipal han pastado algunas ganaderías de toros bravos, en la Común y La Herrería. El paso de la ganadería de Araúz de Robles por las Heras camino de la Vega de Arias, se dio varios años, a finales de primavera. Constituía un acontecimiento el ver pasar las reses provenientes de Cerro Barranco, las heras y bajar hacia la carretera camino de la Vega de Arias. Se oía ya viene la "vacá".

Las bodas eran otro de los grandes acontecimientos, donde asistían en un convite por la mañana o la comida la práctica totalidad de los vecinos. Comenzaban la noche anterior con una "música" a la novia, la cual bajaba a la puerta de la casa y obsequiaba a los rondadores con una copa y bollos. La boda, acontecimiento grande y después de la comida en las heras la madrina repartía una torta especial y el padrino aportaba medio o entero un cordero que se lo disputaban los mozos en una carrera.

En los pocos casos de incendio que he visto en la villa, sin bomberos rurales ni medios, pero sí una gran solidaridad, al toque de arrebato de la campana movilizaba a la práctica totalidad de la gente que estaba en condiciones para apagarlo. Respecto a la maderada, los gancheros estaban río arriba e incluso llegamos a la paridera donde dormían y tenían el "hato". Bajaban sobre un gran tablón que flotaba y dirigían con sus ganchos los troncos. Ver como manejaban los troncos, hacían represas para encauzarlos es de una gran destreza. Estando la maderada en el tramo cerca del pueblo, siendo domingo por la tarde, vinieron a una taberna que había en la calle Cerrillo, hoy se conserva el edificio, y se alegraban la tarde con sus cánticos. Es posible que esta fuese la última maderada que nos refiere *"El río que nos lleva"*. El transporte para la llegada a Peralejos no era fácil. La falta de vehículos a motor era evidente a pesar de tener una carretera. El coche de línea había que cogerlo en Terzaga, luego en Molina, otro hasta Sigüenza, y de esa estación el tren hasta Guadalajara o Madrid. La puesta en funcionamiento del coche de línea Molina Madrid-Madrid Molina, suponía un gran adelanto, pero faltaba el tramo Terzaga Peralejos. Este tramo fue cubierto por una persona de Peralejos con un vehículo que enlazaba con el coche de línea de Terzaga-Molina, que venía de Checa. Fue un gran avance en el transporte, ya que evitaba que esos 15 Kms. Peralejos-Terzaga se tuviesen que realizar como buenamente se pudiese. Esta es una breve semblanza de algunos aspectos de la vida cotidiana en tiempos pasados.

Faena agrícola. En ella se ve un montón de grano con haces para extender la parva con vistas de la villa.

Rambla descubierta.

Apéndice Documental

Banderín Tercio Numancia

Banderín Tercio
de María de Molina

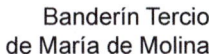

Banderín Columna Tierra
y Libertad

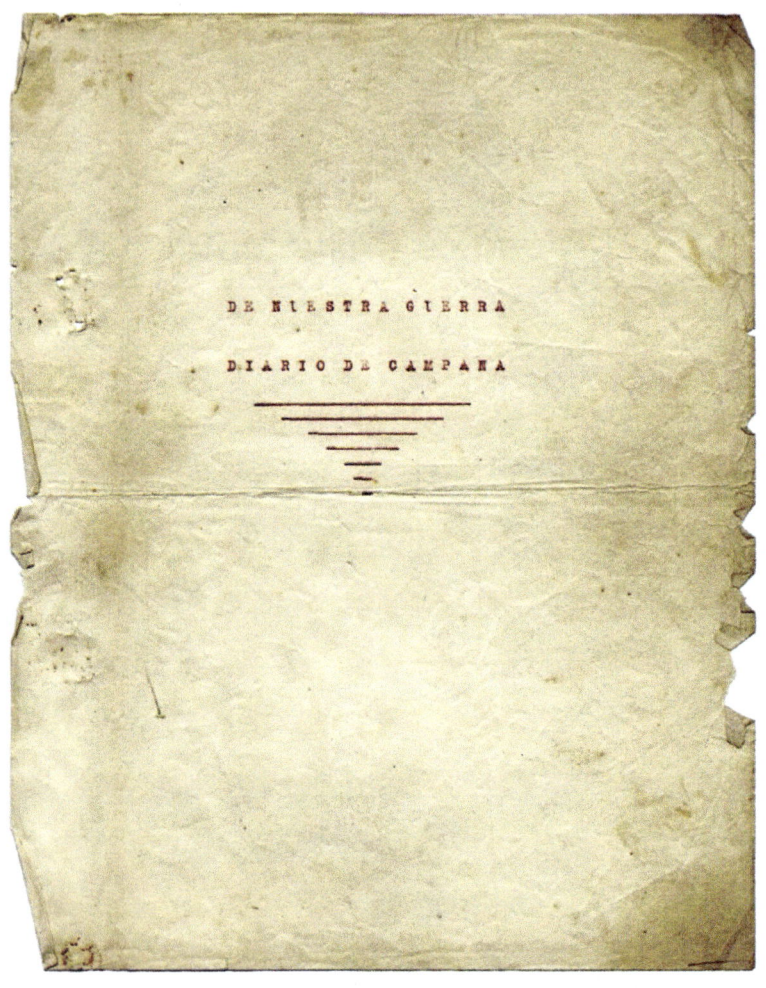

Cubierte de Diario de Campaña de Cipriano Mera.

(463)

El día catorce nos reunimos el Teniente Coronel del Rosal, el Teniente Coronel Torres de Asalto, Antonio Bernardini y yo. Según dijo Tal para el día siguiente teníamos que estar preparados para ir al frente de Aranjuez por que se tenían noticias que una columna enemiga avanzaba de Toledo a esta capital Estando reunidos se hace presente y a nuestra disposición el Comandante Palacios de Sanidad Militar. Quedamos que al día siguiente saldríamos con dirección a Tarancon y que una vez allí nos informaríamos donde estaba el enemigo para atacarle de flanco y que en Tarancon se nos darían planos y toda la información de la situación del enemigo. Recomienda por varias veces el compañero Tal que la gente esté lista para salir a las ocho de la noche y que la gente obedezca como es debido. En continuo, de combatir con mas órden y que la gente obedezca como es militar y que las ordenes le doy cuenta; sigue diciendo, que nuestra gente no es militar y que las ordenes le molesta como es natural, pero hay que reconocer ver que hay que imponerse una disciplina mas fuerte si puede ser que la militar; contamos, amigos, pien lista y cada semana y que cada cual cumpla su misión.

DIA 16

Serian las diez de la noche de Octubre de este día cuando salieron toda la Columna de milicias Confederales la Málaga y la Columna de Tierra y Libertad. Al mando detodas estas fuerzas iba el Teniente Coronel Del Rosal y como segundo Jefe el Comandante Torres, de asalto. Como Jefe de E.M. Antonio Bernardini y como segundo Jefe Rosa. Como representante del Comité de Defensa Manuel Vallec y como Delegado General yo, delegado de la Columna Tierra y Libertad, Germinal de Sousa. Esta se compondría de unos ocho centurias a cien hombres cada una. Batallon de Mera, 650 hombres, al mando de este; el Capitan Esteban, de Infantería y Parra como delegado. El batallón juvenil 650 hombres, como mando militar en Teniente Coronel Orrios, como delegado Manuel Dominguez. Batallon de Crobon Fernandez, 690 hombres, como mando militar Miguel Palacios de Sanidad Militar, como delegado político Manuel Arenas. Batallon de Ferres, 690 hombres, como mando militar Antonio Cantos, como delegado político Carlos Sanz. Cuatro baterias, dos del siete cinco y dos del diez y medio; al mando de ellas el Comandante Rosilla y el Capitan Detalles. Al mando de las baterias del diez cinco iban unos extranjeros puestos por la Columna de Tierra Y Libertad. La intendencia a cargo de Ignacio Gonzales Inostal. Al mando de la Sanidad el doctor Oribe. De esta forma salio la Columna y llegaría a las cuatro de la mañana a Tarancon. El Teniente Coronel del Rosal da orden a su jefe de estado Mayor y al segundo Jefe de la Columna en compañia del Capitan Ardeviz y Rosa para que se pongan en camino y hagan un reconocimiento para saber la dirección que había de llevar para dirigirse a Aranjuez.

NOTA. Nunca me pude explicar a que causa obedecio el que el Teniente Coronel del Rosal pusiera su puesto de mando en alcazar del Rey(pasando un pueblo mas allá de Tarancon, se encuentra, con dirección a Cuenca). Se cree que obedecio a un Capitan de Marina que llevaba de Ayudante, por ser este un gran do mas en la MASONERIA y que tenía la familia en Priego. El caso fue que el mismo día 16 se recibieron ordenes de salir con dirección a Cuenca. Luego pude comprobar que el capitan ayudante y el Teniente Coronel Torres fueron los que le impulsaron a del Rosal cambiar de dirección y creyeron que se conquistarian Albarracin, Teruel y otras capitales mas; lo cierto fue que desobedecieron las ordenes del E.M. Central.

A las cuatro de la tarde de día 16 se recibieron las ordenes de salir para Cuenca tres batallones, el de Ferres, el de Crobon y Mora y los 800 de bres de Tierra y Libertad con dirección a Priego y el batallon juvenil y las dos baterias del 10/5 que se quedan de reserva en Tarancon, al mando de la plaza el Teniente Coronel Orrios.

Nos reunimos en el E.M. el compañero Vallen y yo para ver a que se debía este cambio; el Teniente Coronel del Rosal nos contestó que el cambio obedecia a asegurar las comunicaciones por la parte N. de Cuenca y tomar el nudo de comunicaciones de Gea de Albarracin, aproximarnos a Santa Eulalia y amenazar la Capital de Teruel para que el enemigo cambiase sus direcciones de ataque a la

Páginas del diario donde aparece reflejado Peralejos.

(43)

nia haciendo sobre la capital de Madrid. Valles y yo pusimos en si conocimien
to si en esa determinacion estaba de acuerdo el Comite de Defensa de Madrid, por
ser este el que estaba en relacion con el E.M. Central. Se nos contesto que si;
por nuestra parte dicemos ver al Teniente Coronel que implicaba una autonomia qu
en nada nos favorecia por poder abastecer a nu otras fuerzas de municion y otros
elementos; yo, por mi parte, no entiende mi Teniente Coronel ni una palabra, pe
ro en este momento veo en usted una desobediencia, la cual, nos ha de reportas
muchos perjuicios y tengase en cuenta que yo no hare en estos momentos la sensa-
cion de ser un turista y hay necesidad de atacar para ayudar a las fuerzas que
intervienen en la Region Centre; asi termino nuestra entrevista.
        El Teniente Coronel Torres, el Capitan Arderius, el ayudante del Rosal
y yo salimos con direccion a Beteta (Cuenca) para hacer una accion de reconocimiento de donde se encuentra el enemigo situado; una vez en Beteta, comprobamos
que el enemigo se encuentra en Peralejos de las Truchas. El Comandante Palacios
acompanado de Antonio Verardini y Parra salen para Reytela con la mision de hacer una investigacion y se enteren donde se encuentra el enemigo; comprueban que
las fuerzas de este se encuentran situadas en las alturas E.N. de Egea de Albarracin y que hay una Columna en Reytela de fuerzas leales a la Republica mandada
por el Coronel Iscas y que dependen del Jercito de Levante.
        Germinal de Sousa sale con un Capitan a Villanueva de Alcoron y Laeres
jas, pidiendo comprobar que el enemigo se encuentra al otro lado del rio Tajo.
Todos quedamos de acuerdo, y asi le cumplimos de envolver a Cuenca y de dar cada
cual la informacion que le fue encomendada. Por mi cuenta mando a Jose Mora, a-
companado de Antonio y dos practicos en el terreno para que se enteraran en que
situacion se encontraban los pueblos de Tragacete y Belamos; estos comprueban
que segun informaciones solamente hay unos escopeteros en Guadalaviar, Griegos y
Villar del Cabe.
DIA 17.
            Nos reunimos todo el E.M. en el Hotel Victoria; el Teniente Coronel d
del Rosal se da por enterado de las informaciones realizadas. Por su parte queda
satisfecho de los trabajos que se llevaron a cabo. Hace saber en esta reunion
que a mi entender el dia 20 tenemos que estar dispuestos y situada la fuerza para realizar nuestros primeros ataques. El Teniente Coronel Torres, Comandante Pa
lacios, Rasillas Bateller estan de acuerdo con lo que deje senalado, a excepcion
del Teniente Coronel del rosal que opina y nos decia que habia que esperar unos
dias mas; le hicimos ver que sin orden del E.M. nos habiamos venido al frente de
Teruel y que por lo tanto de una forma Oficial se desconocia nuestro paradero y
habia que abreviar nuestras intervenciones frente al enemigo para que el E.M.
Central se convenciera de que nosotros habiamos venido a este frente a realizar
una cosa util a nuestra causa. A lo que el Teniente Coronel del Rosal queda conv
vencido y que era necesario que la Columna diera muela debida. Se quedo en hacer
una aproximacion de fuerzas hacia los sitios que debiamos empezar nuestra inici-
cion de ataque. El batallon de Oroben a Priego, el de Ferrez a Tragacete como ad
el de Mora, y los 800 hombre de Tierra y Libertad a Beteta. Fueron dos dias los q
que tardamos en situar las fuerzas en los sitios indicados. Se ordena que para
el dia 20 salga la primera Columna para que caigan en nuestro poder los pueblos
de Guadalaviar, Griegos y Villar del Cabo; por estos referidos pueblos en poder
del enemigo.
DIA 20
            A las seis de la manan esta en disposicion de marcha el batallon de Fe
rrez para salir de Tragacete a Cumplimentar la orden ya indicada, a la misma hor
se divide el batallon en dos pequenas Columnas, una al mando del Capitan Cantes
y Carlos Sanz y la otra a mi mando. Se me recomienda por parte del Teniente Coro
nel que una vez ocupados los pueblos referidos que, personalmente, vuelva a mi si
tio de salida. La Columna de Cantes sale por una carino de cabras que cae de Tra
gacete a Guadalaviar, pasando por la Negorrita; yo salgo con el resto por otro
camino de cabras que sale de Tragacete, atravesando el Taje y caer sobre

Páginas del diario donde aparece reflejado Peralejos.

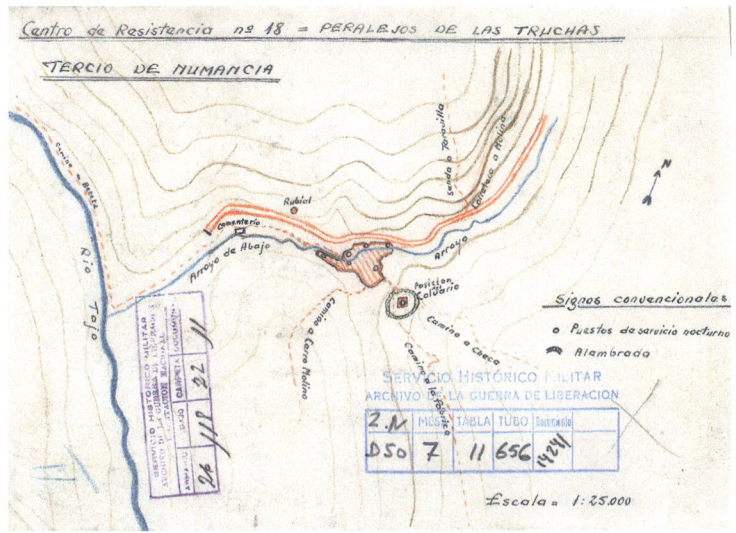

Gráfico de Defensa de Peralejos.

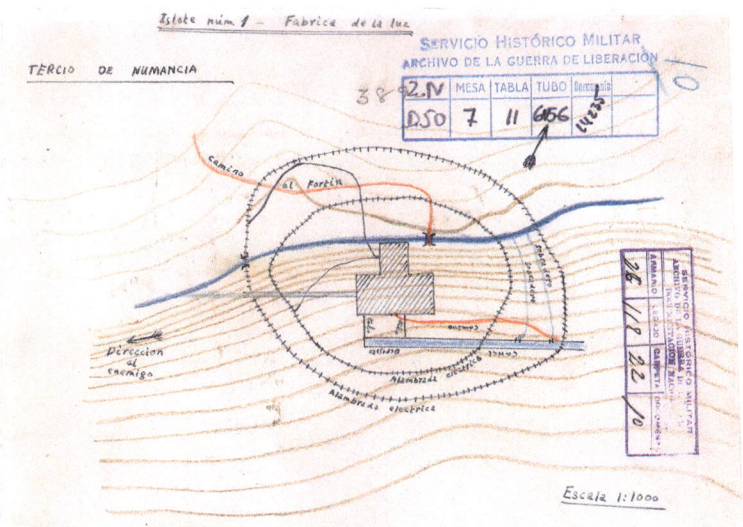

Fábrica de la luz.

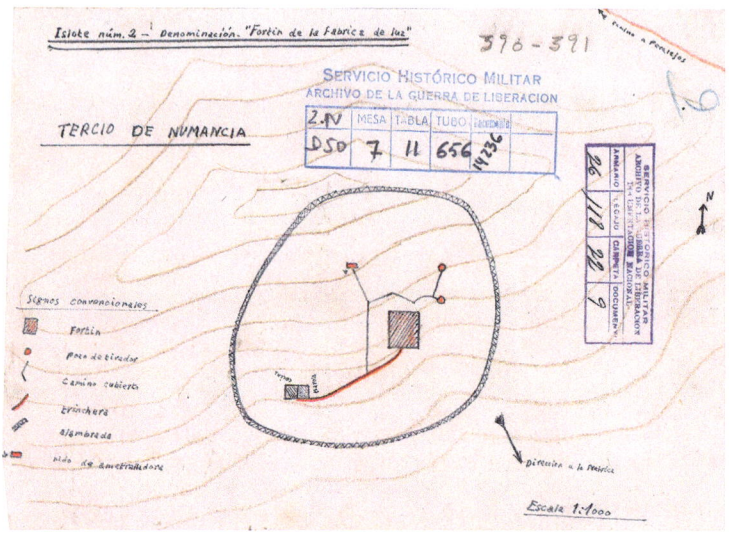

Defensa de Fábrica de la luz.

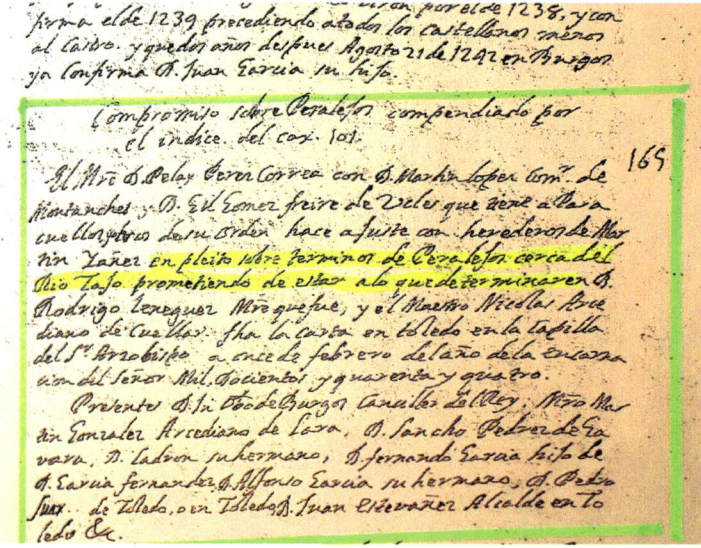

Escrito más antiguo donde aparece el nombre de Peralejos. 1242.

Hoja más antigua del libro de bautismos, 1591.

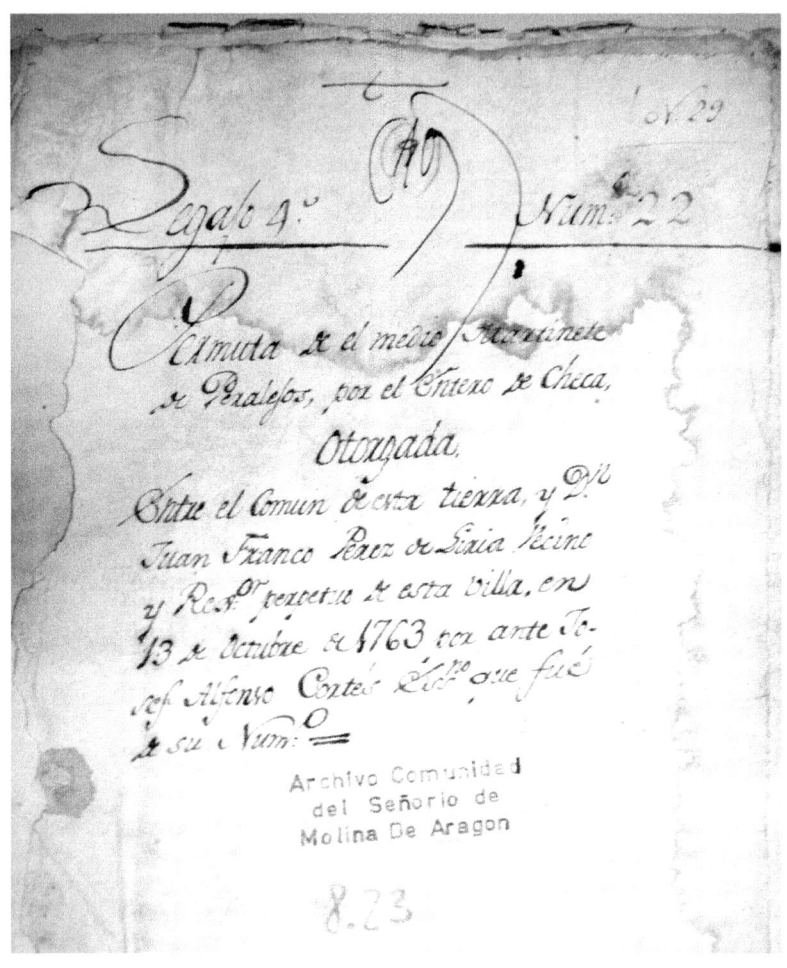

Portada trueque de la Herrería del Martinete.

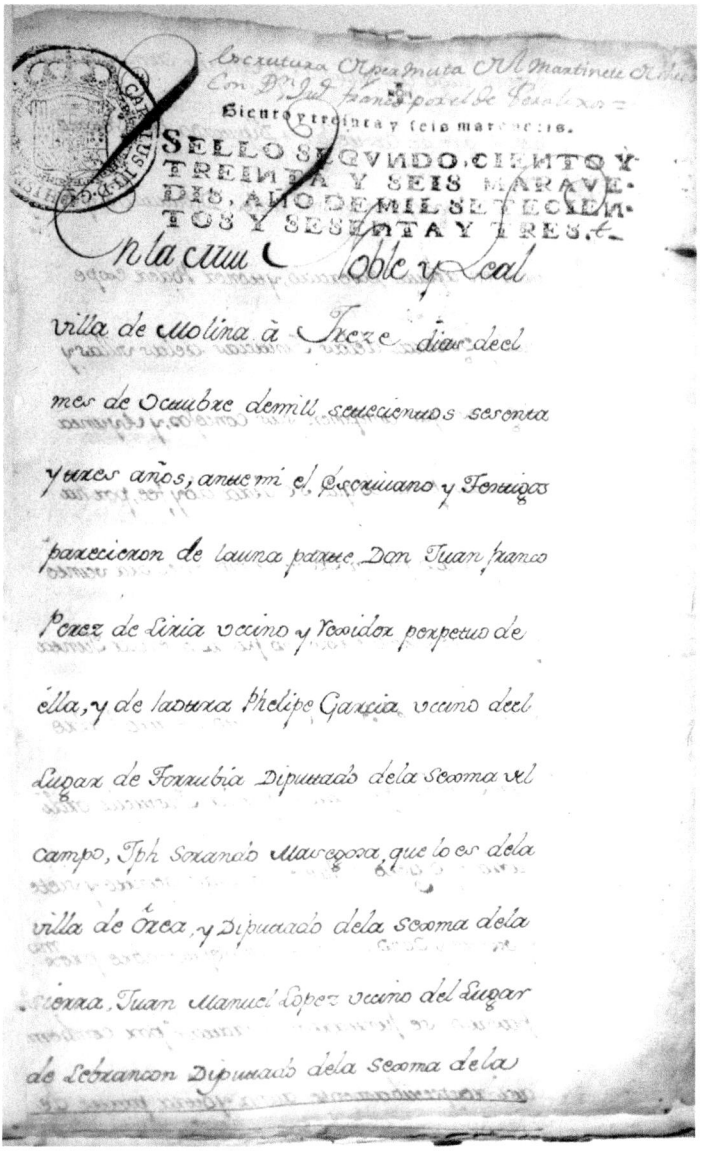

Primera hoja del documento del trueque de la Herrería del Martinete.

136 Brigada Mixta — Estado Mayor — Sección de Información — 1

INFORME SOBRE L'S POSICIONES ENEMICAS COMPRENDIDAS ENTRE "EL ESCALERON" DE X-747 Y-668 y " LA MUELA DE RIBAGORDA" DE X-752 Y-663(estas ultimas posiciones exclusive).-

Las posiciones mencionadas estan actualmen e ocupadas por fuerzas del Tercio de Requeté de Numancia, las cuales estan integradas por un tanto por ciento elevado de prisioneros propios.-

SERVICIO HISTORICO MILITAR
ARCHIVO DE LA GUERRA DE LIBERACION
DOCUMENTACION ROJA

ARMARIO	LEGAJO	CARPETA	DOCUMENTO
77	1250	21	2

NUMERADO DEL 1 AL 4

DESCRIPCION DE LAS POSICIONES.-

EL ESCALERON DE X-747 Y-668.- En esta posicion existe un fortin de poca consistencia en forma deparidera, guarnecido por efectivos aproximadas a un pelotón.-Dicha posición esta defendida por un fusil ametrallador.-

LA PORTERA ALTA DE X-750'450 Y-668'600.-Existe un fortin en forma de paridera que esta guarnecido por un pelotón aproximado.- P-

Frente al pueblo de Peralejos y en X-749'750 Y-667'425, hay otro fortin rodeado de alambrada en forma de semi-circulo, y protegido por un máquina, con unos 20 hombres.-

CERRO BARRANCO.-X-750'400 Y-666'500.-Otro fortin en esta posición tambien rodeado de alambrada y guarnecido por un pelotón. En las inmediaciones del camino que va de Peralejos a Orea, X-751'100 Y-666'250, hay un fortin rodeado de alambrada con unos 10 hombres de guarnición.-

MARTIN MALO DE X-751'550 Y-665'650.- Tamb en existe s e er e p s c'ón un fortin en forma de par dera sin alambrada, con un pelotón que lo guarnece.-

En las posiciones de Cerro barranco, Martin Malo y la emplazada en X-751'100 Y-666'850, existen fortines de poca consis encia rodeados de alambrada doble que cierran el fortin con una circunferencia de unos 15 metros de radio. En el interior de dichos fortines, existen varios ramales de trinchera con pozos de tirador asi como algunos parapetos de piedra.- Las posicionesrestantes son a base de parideras, sin alambradas que con pequeños parapetos y zanjas sirven de defensa a las posiciones.- En El mismo pueblo de Peralejos de las Truchas esta rodeado de alambrada y en las bocacalles del mismo estan protegidas de parapetos de piedra y algunos de cemento.-

Aunque no emplazadas, es de suponer que las fuerzas guarnecen el interior del pueblo de Peralejos de las Truchas, poseen alguna máquina o Fusiles ametralladores, de los cuales sedesconocen totalmente datos.-

RESERVAS.-EN EL SECTOR DE ESTAS POSICIONES MENCIONADAS.-

En Peralejos hay en la actualidad unos 60 Guerrilleros y en todos los pueblos de la retaguardia enemiga en un redio de 15 a 20 kms. existen destacamentos del 333 Batallón de Guarnición que efectuan en dichos pueblos servicio de policia asi como de vigilancia de las vias de comunicación.-
En Checa, 500 soldados de carros de combate, 20 caballos que sirvende enlace, y a 1 Cia. a 1 Tercio de Requeté de Numancia.
En Orea, 200 C ballos del Regimiento España n. 5.
En Orihuela del Tremedal, 1 C a. de Zapadores Requetés.-
En Taravilla, 1 Cia. del Tercio de Requeté de Santiago en reserva.-

Fuerzas de guarnición en el pueblo de Peralejos de las Truchas.-

Aproximadamente una cia. existiendo en el mismo el Puesto de Mando, del Jefe del Tercio de Numancia, cuyo Mando lo assempaña un Capitán. Tambien esta el Jefe de Sanidad del mencionado Tercio, y dos Alfereces los cuales no tienen residencia fija en Peralejos, por trasladarse de noche a las posiciones, ante el temor de algun golpe por sorpresa propio.-

Comunicaciones.- Central telefonica en Peralejos de las Truchs, que comunica directamente con Molina de Aragón y con la fabrica de luz del mismo nombre de Peralejos.

Informe de Servicio de Información Republicano
sobre las defensas de Peralejos.
Desde el "Escalerón" hasta las terreras de Ribagorda.

-III- 2

EL JULI J.P2 de X-755 Y-661.- LA MODORRA de X-758 X-657.-En estas dos posiciones existe trincheras descubierta siendo su construcción de forma de bloceo.-

ALTO DE LA MUELA de X-759 Y-648.-MOJON BLANCO de X-761 Y-647.- ALTO DE LA PEÑA DEL AGUILA de X-759 Y-646 y EL PICACHUELO de X-761 Y-645. Estas cuatro posiciones que en forma de blocao y de una linea de trinchera de bastante profundidad y parapeto de piedra consistente, defienden la entrada y la vaguada que permite el acceso de las mismas.-

LA CHAPARRA de X-763 Y-644.- COTA 1804 de X-763 Y-644.-Estas posiciones son a base de blocao que rosea la cresta militar con su trinchera y parapeto de piedra de mucha consistencia.-

EL CUERVO de X-764 Y-643.- Esta protegida por una linea de trinchera en forma de semi-circulo defensada por dos nidos, uno de los cuales se encuentra en la mina a trinchera y el otro en un plan inferior a la primera.- Las caracteristicas de estas trincheras son las siguientes; estan cubiertas casi en su totalidad y los nidos de fuerte resistencia.-

EL PICACHULO DE X-765 Y-642.-Existen en la misma dos lineas de trinchera de unos doscientos metros cada una aproximadamente cubiertas, una en la cresta topografica y otro en la cresta militar existiendo al final de la trinchera de la cresta militar un nido en forma de fortin y otro a la derecha de dicha posicion, ambos de gran resistencia. De la izquierda del Cuervo parte unas alambradas sencilla que llega hasta la posicion de Fortillo defendiendo la misma pista que va del frío a Guadalaviar pasando por la posicion del Picachulo.-

JUAN RUBIO de X-766 Y-642.-A la izquierda del Picachulo, de esta posicion existe un nido en forma de fortin, subterraneo de fuerte consistencia, siendo la unica defensa de esta posicion, estando protegida por una alambrada sencilla que va desde la pista antigua de Guadalaviar hasta la posicion de los Salaces, en donde enlaza con otra alambrada sencilla, que rodea la mencionada posicion.-

LOS SALACES DE X-766 Y-641.- Esta posicion esta protegida por dos lineas de trincheras, una en la cresta topografica y otra en el cresta militar, teniendo esta una linea de evacuacion que conduce a la contrapendiente; las trincheras estan cubiertas a prueba de lluvia y de nieve, existiendo al mismo tiempo dos nidos para armas automaticas, uno subterraneo y otro de rollizos y piedra de bastante consistencia.-

LA BALSENA de X-768 Y-639.-Esta compuesta esta posicion de dos monticulos con varias lineas de trincheras separadas y distantes una de otras, siendo sus caracteristicas las siguientes; son cubiertas para protegerse de las lluvias y de la nieve, existiendo dos nidos subterraneos a espaldas de la linea de trinchera, protegidas por una linea semilla de alambrada.-

NIVA ZEDA X-760 Y-639.-Estas posicion esta defendida por trincheras que rodea los dos monticulos existentes en Z-1651 y Z-1661 de X-769 Y-639, con trincheras y parapeto con sus correspondientes espolvinas, a su derecha y en la cota 1731 de X-771 Y-639, esta protegida por 5 lineas de trinchera discontinuas y una linea de alambrada sencilla que al parecer rodea toda la posicion.-es de destacar que en medio de la posicion y situado en la cresta militar hay un nido en forma de fortin rodeado como de alambrada. Estas dos posiciones protegen la gran vaguada que llega hasta la posicion del Tiu.-

EL TIU de X-770 Y-641.- En la actualidad el enemigo construye una linea de trinchera que al parecer rodeara toda la cumbre, sirviendo de punto de apyo de las posiciones antes mencionadas.-

COTA 1680 de X-769-70 Y-637.- El enemigo fortifica en esta posicion y construye trinch ras con gran intensidad para rodear la posicion.-

LA CHAPARRILLA de X-764 Y-654.- En estas posiciones el enemigo tiene construgda una trinchera deunos 50 centimetros de profundidad y una longitud de unos 15 metros, parapeto de piedra y doble linea de alambrada.-

SEGUNDA LINEA.-Por las innumerables explosiones de barrenos percibidas durante las dos ultimas semanal dades, el enemigo construye uselinea de resitencia de granimportancia, situada aproximadamente en las inmediaciones de "El Tiu".-

CERRO AGUDO.- desde X-772 Y-637 hasta X-779 Y-631.- Esta posicion esta constituyda por un gran blocao de unos 30 kilometros en forma de cordillera en donde el enemigo en todos sus monticulos esta fortificado a base de trinchera en forma de semicirculo que rodea las cumbres. Algunas de ellas estan rodeadas de alambrada, y las trincheras en su mayoria cubiertas a prueba de lluvia y nieve.
Casi todas estas posiciones estan proviertas de sus correspondientes nidos para armas automaticas algunos de ellos con cemento y otros construye dos con rollizos y piedra, aunque no en todos ellos hay arma automatica. Dicha posicion enlaza con el XIX Cuerpo de Ejercito de Levante.-

Puestode Mando 23 de Enero de 1939.
EL JEFE DE LA BRIGADA.

En mi P. C. de Orihuela del Tremedal a 18 de Agosto de 1.938.- III Año Triunfal.

ORDEN DE BATALLA

Restablecida la situacion en el Sector del Alto Tajo y arrojado el enemigo a la orilla Sur del Rio, la defensa de este Sector se ajustara a las siguientes instrucciones :

a).- ORGANIZACION DEL SUB-SECTOR DE VILLAR DEL COBO.

dtes. Desde Frias (incluido)a La Fabrica de Luz y Peralejos de las Truchas (excluido).

b).- **Guarnicion.-** Jefe.- El Comandante del Grupo Escuadrones a pie de Villarrobledo.

Puesto de Mando.- Villar del Cobo.
Tropas.- Grupo Escuadrones a pie de Villarrobledo.
Compañia de voluntarios de Teruel.
Guerrillas Auxiliares de Griegos, Villar del Cobo y Guadalaviar.

c).- Organizacion de la linea.-

1.- Grupo Escuadrones
Un Punto de apoyo abierto en Mojon Blanco y Espolon al Sud&Este que domina el camino de Valdemingote.
Un Punto de apoyo abierto en el Portillo.
Un Punto de apoyo con sus elementos de resistencia en La Barbera, ~~Navaseca y Cota 1.731.~~
Un Punto de apoyo en el Alto del Bujedal (Cuadricula 772-637)
2.- Compañia de voluntarios de Teruel
Mantendra la linea de posiciones determinada por El Cuerno, El Cabezo y posiciones antiguas, teniendo en Frias una Seccion de reserva como minimun.
3.- Ocupada la Cabadilla el Jefe de este Sub-sector, atenderá a establecer con tropas del Grupo Escuadrones de Villarrobledo el punto de vigilancia necesario que sirva de enlace entre el de Mojon Blanco El del Cuervo Portillo.

II.- ORGANIZACION DEL SUB-SECTOR DE MOLINA.

d).- Limites.

Peralejos de las Truchas con su Fabrica de Luz (Incluidos) hasta Gallo en su afluencia con el Tajo en la forma que hoy se encuentr

e).- Guarnicion.
Jefe.- El Comandante de la Legion Castellano-Aragonesa.
Puesto de Mando.- Valhermoso.
Tropas.- Legion Castellano-Aragonesa.
Guerrillas Auxiliares, de Cuevas Labradas y Peralejos de las Truchas y Checa.

f).- Organizacion de la linea.-

1º.- Punto de apoyo de Taravilla, Baños, Puembellida y Escalera.
Punto de apoyo de Peralejos de las Truchas, Fabrica de Luz, collervos.
Punto de apoyo de Megina, Muela del Conde, Cerro Palancarvilla.
Punto de apoyo de Lebrancon, Cuevas Labradas.
Punto de apoyo de enlace con el Sub-sector de Villar de guardia de Checa y Orea y en la Region de Villanueva (Chaparrilla y dominio de los pasos de la dehesa del 7

Linea defensiva en donde consta Peralejos.

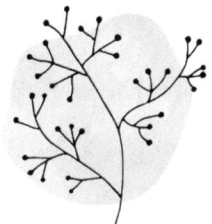

Bibliografía

Libros.

ARENAS LÓPEZ, A: *Historia del levantamiento de Molina de Aragón y su Señorío en Mayo de 1808 y guerras de su independencia.* Diputación de Guadalajara. 2008.

AROSTEGUI SÁNCHEZ, J.: *Los combatientes carlistas en la Guerra Civil española. (1936 – 1939),* Fundación Hermanos Larramendi. Madrid 1991.

CALVO Y ROCHINA, D.: *Historia de Cabrera y de la Guerra Civil en Aragón, Valencia y Murcia.* 1845. Ediciones Trajano. Sevilla, 1941.

CANCIO FERNÁNDEZ, R.: *Fuerzas especiales en la Guerra Civil española, del XIVCuerpo del ejército guerrillero a las partidas de requetés del Alto Tajo.* Madrid, 2011.

CASTELLANO RUIZ de la TORRE y OTROS: *Los mapas de Cipriano Mera.* Cartografía del IV Cuerpo del Ejército. Audema. Madrid, 2019.

FERRER DALMAU, M. *Historia del tradicionalismo español.* Volumnen II. Ediciones Trajano. Sevilla, 1942.

LARRAÑAGA, R.: *Armeros vascos en la Guerra de la Independencia.* Boletín de la Real Sociedad Bascongada de los amigos del País. San Sebastián, 1986.

MERA SANZ, C.: *Guerra, exilio y cárcel. Memorias de un anarcosindicalista.* Ruedo Ibérico. París, 1976.

ROMERO SERRANO, J.: *Montes Universales. 1936 – 1939. Guerra en Montaña. Seis batallas de Molina a Albarracín.* Intermedio ediciones. Guadalajara, 2023.

SANZ y DÍAZ, José: *Por las rochas del Tajo; visiones y andanzas de guerra*. Santarem. Valladolid, 1938.

SANZ y DIAZ, José: *El Santuario de Nuestra Señora de Ribagorda*. Certamen Mariano 1947. Lérida, 1948.

ANUARIO ESTADÍSTICO. Instituto Nacional de Estadística. Varios años. Madrid.

SÁNCHEZ PORTOCARRERO, Diego: *Antigüedad del Muy Noble y Muy Leal Señorío de Molina*. Madrid, 1641. Biblioteca Nacional. Madrid. Edición facsímil de AACHE, 2007.

MORENO LLORENTE, A.; de JUAN GARCÍA. A.: *Rutas por Peralejos de las Truchas*. Diputación de Guadalajara. 2010.

MINGUELLA y ARNEDO, Toribio; *Historia de la Diócesis de Sigüenza y sus obispos*. Revista de Archivos, Bibliotecas y Museos. Madrid. 1913.

RAFAEL PUYOL, A.: *La población española* . Síntesis. Madrid, 1988.

MARTÍN GALÁN, M.: *Fuentes y métodos para el estudio de la de demografía histórica castellana durante la "Edad Moderna"*. Hispania. Madrid, 1981

CARRETERO ZAMORA, J.M.: *Las averiguaciones de la Corona de Castilla. (1525–1540). Los buenos vecinos pecheros y el dinero del Reino en época de Carlos V*. Consejería de Cultura. Junta de Castilla y León. Valladolid, 2008.

MADOZ, PASCUAL: *Diccionario Geográfico Estadístico*. 1850. Tomo VIII. Madrid.

TORRES MENA, J.: *Noticias conquenses*. Imprenta de la Revista de Legislación. Madrid.1878.

GARCÍA BERBERANA, T: *Las subvenciones económicas a la Iglesia*. Universidad Pontificia de Salamanca. Salamanca, 1950

KINDELAN, V.: *Criaderos de Guadalajara y Teruel*. Memorias del Instituto Geológico de España. Madrid, 1918.

CORTÉS RUIZ, ELENA: *Las ferrerías del río Hoceseca a finales del siglo XV*. León, 1995.

GONZÁLEZ, TOMÁS: *Registro y Relación General de Minas de la Corona de Castilla*. D. Miguel de Burgos. Madrid,1832

Documentos – Testimonios.

MERA SANZ, C. *De nuestra Guerra*. Diario de Campaña. (AGMAV digital)

CATASTRO DE ENSENADA. *Preguntas Generales*. Archivo Histórico Provincial de Cuenca. Portal de Archivos Españoles. (PARES)

EXPEDIENTES PROCESOS INQUISICIÓN. Archivo Diocesano de Cuenca. Legajos: 146, 788, 785, 447, 742.

EXPEDIENTES FUNDACIÓN CAPELLANÍAS. Archivo Diocesano de Sigüenza.

EXPEDIENTES BIENES CAPELLANÍAS. Archivo Histórico Provincial de Guadalajara.

LIBRO DE BAUTISMOS. Archivo Diocesano de Sigüenza.

INSTITUTO NACIONAL DE ESTADÍSTICA. Censos de población 1930-1934.

ARCHIVO HISTÓRICO NACIONAL. Colección Salazar y Castro. B/10. (Doc. 165)

AChV. Registro de ejecutorías.

REGISTRO GENERAL DEL SELLO. Simancas. Valladolid.

CONSEJO REAL DE CASTILLA. Legajo.57 Simancas. Valladolid.

ARCHIVO del COMÚN DEL REAL SEÑORÍO DE MOLINA. Legajo 4º Núm 22.- 8.23

ARCHIVO HISTÓRICO PROVINCIAL DE GUADALAJARA: Catastro Rústica de Peralejos. Signatura. 33.746 Plano Urbano 1912.I.G.N. Catastro Urbana. Signatura H.18.150 Censo de Amillaramiento. 1863. Signatura A-083. Censo Contribuyentes 1950-1960. Signatura.- R-168. P.V.234. Apeamientos Virgen de Ribagorda.D.E-067. Expediente Desamortización 1841-1848-1855. D-E, 377.

INSTITUTO NACIONAL DE ESTADÍSTICA. Evolución de la población en España: 1594-2013. Proyecciones 2014-2052.

INSTITUTO NACIONAL DE METEOROLOGÍA

INSTITUTO GEOGRÁFICO NACIONAL.

BOLETÍN OFICIAL DE LA PROVINCIA DE GUADALAJARA

ARCHIVO HISTÓRICO del AYUNTAMIENTO DE MOLINA DE ARAGÓN.

DIARIO OFICIAL DE CASTILLA LA MANCHA. 12 Junio 1999, y 24 Septiembre 1999.

Artículos.

BENEDICTO GIMENO, EMILIO: *La difusión de las ferrerías hidraúlicas en las Sierras de Molina, Albarracín y Cuenca entre los siglos XV al XIX.* REHALDA Nº 24, 2016.

Tesis Doctorales.

CORTES RUIZ. ELENA: *Articulación Jurisdiccional y estructura socioeconómica en la comarca de Molina de Aragón a lo largo de la Baja Edad Media.* U.C.M. Madrid, 2000.

ORTEGA GÓMEZ, LORENA: *Los familiares del Santo Oficio en el mundo rural de los tribunales de Cuenca y Toledo. (S.XVI – XVIII).* U.C.L.M., Toledo, 2013.

SANZ MARTÍNEZ, DIEGO: *El patrimonio cultural y la identidad como factores de desarrollo de la sociedad rural. Prospección de recursos para un turismo cultural en el Señorío de Molina de Aragón.* U.C.M. Madrid, 2015.

Agradecimiento por su ayuda y colaboración.

D. Ángel Segura
D. Gonzalo Moreno Llorente.
D. Gonza Moreno Llorente.
D. José Luis Menchero Casas.
D. Manuel Rubio Fuentes.
Dª Rosa Díaz Navarro
D. José Antonio Tamayo Sanz
Dª María Ángeles Sanz Megino
D. Timoteo Madrid Jiménez

A todos aquellos que de alguna manera, aportando fotos, testimonios, orientaciones, han contribuido a que llevase a cabo este trabajo.

Entidades:

Archivo Diocesano de Cuenca
Archivo Diocesano de Sigüenza
Archivo Histórico Militar de Ávila

Archivo Histórico Militar de Guadalajara
Archivo Histórico Provincial de Guadalajara
Biblioteca de Investigadores. Diputación Provincial
Biblioteca Nacional. Sede Alcalá de Henares.
Biblioteca Pública de Guadalajara